Public Administration and
Public Management Classics

GOVERNING AND REFORMING SERIES

GOVERNING AND REFORMING SERIES

政府治理与改革系列

公共行政与公共管理经典译丛

Public Administration and Public Management Classics

"十二五" 国家重点图书出版规划项目

公民治理

引领21世纪的美国社区

（中文修订版）

[美] 理查德·C·博克斯（Richard C. Box） 著

孙柏瑛 等 译

Citizen Governance

Leading American Communities into the 21st Century

中国人民大学出版社

·北京·

《公共行政与公共管理经典译丛》
总　　序

　　在当今社会，政府行政体系与市场体系成为控制社会、影响社会的最大的两股力量。理论研究和实践经验表明，政府公共行政与公共管理体系在创造和提升国家竞争优势方面具有不可替代的作用。一个民主的、负责任的、有能力的、高效率的、透明的政府行政管理体系，无论是对经济的发展还是对整个社会的可持续发展都是不可缺少的。

　　公共行政与公共管理作为一门学科，诞生于 20 世纪初发达的资本主义国家，现已有上百年的历史。在中国，公共行政与公共管理仍是一个正在发展中的新兴学科。公共行政和公共管理的教育也处在探索和发展阶段。因此，广大教师、学生、公务员急需贴近实践、具有实际操作性、能系统培养学生思考和解决实际问题能力的教材。我国公共行政与公共管理科学研究和教育的发展与繁荣，固然取决于多方面的努力，但一个重要的方面在于我们要以开放的态度，了解、研究、学习和借鉴国外发达国家研究和实践的成果；另一方面，我国正在进行大规模的政府行政改革，致力于建立与社会主义市场经济相适应的公共行政与公共管理体制，这同样需要了解、学习和借鉴发达国家在公共行政与公共管理方面的经验和教训。因此无论从我国公共行政与公共管理的教育发展和学科建设的需要，还是从我国政府改革的实践层面，全面系统地引进公共行政与公共管理经典著作都是时代赋予我们的职责。

　　出于上述几方面的考虑，我们组织翻译出版了这套《公共行政与公共管理经典译丛》。为了较为全面、系统地反映当代公共行政与公共管理理论与实践的发展，本套丛书分为六个系列：(1) 经典教材系列。引进这一系列图书的主要目的是适应国内公共行政与公共管理教育对教学参考及资料的需求。这个系列所选教材，内容全面系统、简明通俗，涵盖了公共行政与公共管理的主要知识领域，涉及公共行政与公共管理的一般理论、公共组织理论与管理、公共政策、公共财政与预算、公共部门人力资源管理、公共行政的伦理学等。这些教材都是国外大学通用的公共行政与公共管理教科书，多次再版，其作者皆为该领域最著名的教授，他们在自己的研究领域多次获奖，享有极高的声誉。(2) 公共管理实务系列。这一系列图书主要是针对实践中的公共管理者，目的是使公共管理者了解国外公共管理的知识、技术、方法，提高管理的能力和水平，内容涉及如何成为一个有效的公共管理者、如何开发管理技能、政府全面质量管理、政府标杆管理、绩效管理等。(3) 政府治理与改革系列。自 20 世纪 80 年代以来，世界各国均开展了大规模的政府再造运动，政府再造或改革成为公共行政与公共管理的热点和核心问题。这一系列选择了在这一领域极具影响的专家的著作，这些著作分析了政府再造的战略，向人们展示了政府治理的前景。(4) 学术前沿系列。这一系列选择了当代公共行政与公共管理领域有影响的学术流派，如新公共行政、批判主义的行政学、后现代行政学、公共行政的民主理论学派等的著作，以期国内公共行政与公共管理专业领域的学者和学生了解公共行政理论研究的最新发展。（5）案例系列。这一系列精心选择了公共管理各领域，如公共部门人力资源管理、组织发展、非营利组织管理等领域的案例教材，旨在为国内公共管理学科的案例教学提供参考。（6）学术经典系列。这一系列所选图书包括伍德罗·威尔逊、弗兰克·约翰逊·古德诺、伦纳德·怀特、赫伯特·A·西蒙、查尔斯·E·林德布洛姆等人的代表作，这些著作在公共行政学的发展历程中有着极其重要的影响，可以称得上是公共行政学发展的风向标。

总的来看，这套译丛体现了以下特点：（1）系统性。基本上涵盖了公共行政与公共管理的主要领域。（2）权威性。所选著作均是国外公共行政与公共管理的大师，或极具影响力的作者的著作。（3）前沿性。反映了公共行政与公共管理研究领域最新的理论和学术主张。

在半个多世纪以前，公共行政大师罗伯特·达尔（Robert Dahl）在《行政学的三个问题》中曾这样讲道："从某一个国家的行政环境归纳出来的概论，不能够立刻予以普遍化，或被应用到另一个不同环境的行政管理上去。一个理论是否适用于另一个不同的场合，必须先把那个特殊场合加以研究之后才可以判定"。的确，在公共行政与公共管理领域，事实上并不存在放之四海而皆准的行政准则。按照建设有中国特色的社会主义的要求，立足于对中国特殊行政生态的了解，以开放的思想对待国际的经验，通过比较、鉴别、有选择的吸收，发展中国自己的公共行政与公共管理理论，并积极致力于实践，探索具有中国特色的公共行政体制及公共管理模式，是中国公共行政与公共管理发展的现实选择。

本套译丛于1999年底由中国人民大学出版社开始策划和组织出版工作，并成立了由该领域很多专家、学者组成的编辑委员会。中国人民大学政府管理与改革研究中心、国务院发展研究中心东方公共管理综合研究所给予了大力的支持和帮助。我国的一些留美学者和国内外有关方面的专家教授参与了原著的推荐工作。中国人民大学、北京大学、清华大学、厦门大学等许多该领域的中青年专家学者参与了本套译丛的翻译工作。在此，谨向他们表示敬意和衷心的感谢。

《公共行政与公共管理经典译丛》编辑委员会

译者前言

2002 年以后，我三次接触理查德·C·博克斯（Richard
C. Box）教授《公民治理：引领 21 世纪的美国社区》这部著作，
每一次都获得了不同的感受。第一次接触是我在美国加州州立大
学海沃德校区（CSUH）学习期间，我的导师，美国著名行政学
专家全钟燮（Jong S. Jun）教授在讨论美国当代行政管理价值变
迁以及前瞻性行政学思维时给我推荐了此书，当时令我感兴趣的
是，本书阐释了自美利坚合众国建立以来，美国政府治理观念和
公民参与实践出现的周期性循环现象；第二次接触是我在写作博
士论文及后续专著《当代地方治理：面向 21 世纪的挑战》时，
再次阅读此书，当时对我启示很大的是书中翔实分析的美国地方
社区治理模式变化出现的深刻而广泛的政治、社会背景；第三次
是我在获得国家哲学、社会科学项目"地方治理中的公民有序参
与：比较研究"资助后，我再次翻阅了这部著作，思考本书所提
供的分析框架，即政治领导人、职业的行政管理者和社区公民参
与者之间的新型角色定位以及互动关系，并考虑将这种分析途径
本土化的可能性。而这次接触最终结果是我们将这部著作翻译成
中文，作为中国人民大学出版社公共行政与公共管理经典译丛
"政府治理与改革系列"中的一部重要书籍，与中国读者共同分
享其中的思想精华，共同思考如何促进中国公民参与社区的公共
事务治理。同时，本书中文版也是我们从事国家社会科学课题项
目研究的又一个阶段性成果，将我们在公民参与比较研究中发现

的重要研究成果奉献给国人。

博克斯教授曾经是一位经验丰富的地方政府管理者，复又在大学从事公共行政的教学和科研。他一直极为关注美国地方制度的发展与演进，并致力于用自己的管理知识与实践行动服务于美国社区公民参与的发展。《公民治理：引领21世纪的美国社区》一书即是博克斯教授在多年直接观察美国社区制度变迁，全面反思地方治理多元价值观平衡的基础上，对21世纪美国社区新型治理模式作出的展望和分析。

围绕着公民、政府代议者和行政管理职业者三者之间角色定位与角色关系的变化这一分析主线，在力图复归传统三大价值（地方控制、小而富有回应性的政府、行政管理职业者作为顾问而不是控制者的角色）的基本取向影响下，博克斯教授在书中阐释了一系列重要的思想。

第一，美国地方政府制度的变迁、发展是在以精英主义或职业主义为一极，以民主或公民主导为一极之间的冲突和循环过程中进行的。有关美国地方政府治理的导向之争一直存在于美国的宪政历史之中，归根到底可以归结为以汉密尔顿为首的联邦党人和以杰斐逊为代表的民主党人之间的争论。两派不仅在国家结构、中央政府的作用和政府治理方式等重大问题的认识上存在着明显的差异，而且对于公民介入公共生活的作用和能力的认知也表现得明显不同。故而，美国地方政府或社区的治理方式也因此出现周期性的波动，在不同时期出现了不同的治理导向。例如，殖民地时期和建国初期的地方精英主义因其高度的封闭性和排斥性而逐步让位于19世纪初的"杰克逊民主"时代；而"民主时代"的治理又因过多的恩赐、腐败以及职业化管理缺乏而渐渐地让位于20世纪初的行政管理职业主义取向；而20世纪的职业主义又过于集中了权力，将公众对政策过程的影响排斥在外，公民丧失了对政府的控制能力，所以，地方治理势必寻求公民对公共事务管理进行有效控制的途径。

博克斯认为，21世纪就是美国地方治理的一个新的时代，这个时代将是以公民治理为中心和主导的时代，这是美国地方政府改革波浪的发展趋势，这一思想依循了杰斐逊的思想。博克斯指出：托马斯·杰斐逊坚信"美国人创建这个国家时所持的一种特有的公民资格……治理美国的理念一直聚焦于小型的地方政府，而州政府和国家政府仅仅履行那些为数有限的、特定的功能……杰斐逊的思想折射出美国人最基本的价值取向——依靠自己和社区——或者说是选择另一条道路，即将地方控制的观念对立于认同更大的、更遥远的政府单位的观念"（此书第5～6页）。公民治理将成为新世纪社区发展的主题。

与此相适应，国家治理观念的差异也体现在地方政府组织的构建制度上，引发了地方政府组建方式的不同。在消化不同治理理念的过程中，地方政府管理者实践了不同的地方政府模式，它们在形式上表现为强市长模式（strong mayor）、市政委员会模式（commission）和市议会—城市经理模式（council-manager）等，从而也确立了代议者、行政管理职业者和社区公民三方之间不同的三角关系模型。

第二，新型的公民治理模式建立最重要地反映在社区治理中公民、代议者和行政管理职业者三方互动关系中的角色定位和作用发生了明显变化。概言之，社群主义观念的深入人心，使得人们对公民资格的概念有了新的解释，对公民在公共生活中的作用有了新的认识。然而，博克斯认为，即便是小型地方政府，公共事务管理也日益复杂，如果没有代议者和职业化的管理者，公共管理是不可想象的。问题的关键并不是彻底抛弃代议政治和专业化的行政管理，而在于如何创新公民、代议者与职业行政管理者之间良好的关系，通过其新型的角色界定，共同创造美好的社区未来。

总体上，在界定公民、代议者和行政管理职业者三者的角色时，博克斯教授的基本思路是：公民具有积极、能动的公民资格，他们已经不仅仅是"纳税人"和公共服务的消费者，更是社区公共事务管理的直接参与者，是社区的"治理者"（citizen governor），这一点与当今美国"强势民主"（strong democracy）不谋而合；而对于代议制度而言，传统代议制模式的委托—代理关系格局已经不能适应公民参与的要求，所以在地方治理结构上，可以引入公民的"社区协调委员会"、"社区公民协商委员会"等组织形式，借助这样的平台，一方面，公民代表可以更多地获得权力，承担起公共事务管理，成为"公民治理者"，另一方面，社区广大公民能够表达自身对社区发展的利益要求和期望，以此形成新型的代表制度。在公民治理模式下，行政管理职业者成为公民管理的顾问而不是控制者，他们的功能将转换为公民参与管理的促进者、协调人和专业咨询者、辅助者（helpers），达成某种权力的"让渡"，促使公民对社区决策发挥实质性的影响作用。

最后，博克斯教授在书中反复强调，抉择什么样的社区治理模式，最关键的是社区政治领导者抉择怎样的社区政策导向和社区发展态度，即我们是偏好于一个封闭的、排斥性的社区治理体系，还是更加偏好于一个欢迎公民参与的、公民易于进入政策过程的治理体系；我们是将社区看作是一个市场体系，极力要求扩张其商业能力（倡导强有力的经济增长），还是将社区看作是一个生活环境，极力保护公民净化的生活空间（倡导弱经济增长或者反经济增长）；我们是将行政管理职业者当成控制者，还是当成公民自主管理的促进者和辅助者。这一系列政策导向的选择最终会左右地方领导者的治理价值观，决定政府对公民的态度以及与公民的关系，所以公共管理实践者要给予特别关注，要用行动去实现公民治理的理念。

尽管博克斯的思考基于美国固有的历史传统，是对美国独特的地方政府制度演进道路进行的全面反思，但笔者认为，这本书运用的三维角色的分析方法，即通过透视公民、代议者、行政管理职业者的角色关系期待，来界定和表达公民在社区自主治理中能够发挥的作用，这个分析途径对于我们思考中国城市和乡村地方社区自治发展问题是有一定启发意义的。此外，书中第2章详细论证的美国城市发展政策中存在的亲经济增长模式和反经济增长模式之争，也对中国城市发展道路选择具有启迪作用，引人深思。

本书的翻译出版依赖于一个团队的力量和智慧。其中，孙柏瑛翻译了第1章及序、致谢、作者简介和著作评价等；张琪负责第2章的翻译；陈冬冬翻译了第3章；魏明翻译了第3章；第5章由王任东翻译，王路负责翻译了第6章。在整个翻译过程中，这个工作团队精益求精，精诚合作，相互帮助，共同分享翻译经验，共同解决困难的语句，共同学习著作中涉及的理论和实践知识。所以，翻译过程译学相长，以译促学，以学带译，相得益彰，为出版高质量的译著提供了很好的保障。孙柏瑛对全部书稿进行了统校。王任东精心校对了书中的关键词、人名、地名和索引，从事了相当一部分细致而又繁琐、辛苦的书稿整理工作，在此致谢。

感谢国家哲学社会科学基金的资助，让我们能够向中国读者呈现国外一系列优秀的公民参与著作。

感谢中国人民大学出版社，尤其是感谢我的挚友，人大出版社"公共行政与公共管理经典译丛"的总策划刘晶女士，她对本书的出版给予了极大关心，不断敦促本书面世。感谢责任编辑为本书付出大量辛勤的劳动，并提出了一些好的建议。没有他们的努力，本书不可能如期高质量地出版。

由于译者对美国复杂的地方治理制度历史及现实了解有限，所以，翻译中难免出现谫陋不妥之处，敬请广大读者和专家指正。

孙柏瑛

……无论何时，一旦民众充分知情，那么，他们就能被他们自己的政府委以重任……

——托马斯·杰斐逊，1789

序

　　20世纪70年代初期，我住在匹兹堡郊区一个快速发展的居 ix
住区里。当时，那里只有一条街道通往居住区。每天，当学校班
车停下来让孩子们上下车时，这条街就彻底堵塞了。社区里有一
个采用市议会—城市经理（council-manager）制度的政府组织，
其中多数市议会成员都是那里"老"居民的代表。

　　随着社区不断扩大，另外再建一个消防站的需求越来越突
出。根据社区规划者的建议，市议会批准就在居住区的进口处设
一个消防分站，因为那里有一块土地归消防站副主管所有，副主
管也是老居民中的一员（那时，这是一支完全的志愿者力量）。
200多个邻里居民向市议会递交了一份请愿书，提出了校车带来
的拥堵问题，并质询市议会为什么不能在位于居住区交叉路的一
块空地上建设这个消防分站。社区规划者向我们保证，尽管他从
来没有在校车停下来接送学生的时候到过那条街，但是，土地的
分区规划调整也许能解决所有这些问题。

　　在会议的最后，市长先生——一位牛奶经销商表示，感谢我 x
们大家的参与，并告知我们，他已经被社区规划者说服了，因为
"他是我们的专家"。此后不久，我就决定报考研究生院，那样我
也就能成为一个专家了。这个社区规划者最终成为本地区一个最
大的开发公司的副总，而那个消防分站最后也没有建在邻里社
区中。

　　这个案例展示了理查德·博克斯在本书中提出的许多问

题——公民是局外人，行政管理职业者是专家，立法者是精英利益的代表。本书中勾勒的社区治理模型（community governance model）将可能改变这种角色定位，使公民成为决策者，行政管理职业者成为专家式咨询者，而立法者则能回应社区所有居民的需求。

博克斯教授曾作为一位地方政府的管理者，并获取了十分丰富的管理经验。他将这些经验与他对民主过程和行政管理的研究联系起来，发展了一个治理的模型，这个模型以其理想的形式服务于公众，并力图改进管理实践者的职业生活。博克斯承认，这个模型是一个有关地方政府应该如何进行管理的规范观点，但他发现，随着公民要求实质性地参与那些影响他们生活质量的公共政策的发展与执行过程，这一模型实际上在全国范围内都显现出来了。

博克斯教授通过讨论公共行政传统的价值问题——如效率与效益——以及治理过程中公民参与日益增强的问题，精心地发展着其社区治理模型。他力图说明，行政管理者的基本作用在于维持公共政策的开放性和包容性，他们应该向过去被排斥在地方政府政策过程之外的那些公民提供咨询和技术上的辅助支持。

对于我们这些深信民治政府——民主价值当然也包含其所有的瑕疵——基本观念的人来说，社区治理模型确实激发起我们的兴趣。早在20世纪初，政府通过引入商业企业的管理原则，提升了行政管理能力，从而发展了公共行政学。这其中一个最为重要的原则就是行政管理要集中控制政策的执行，其目的在于促使效率最大化，而政治干预最小化。具有讽刺意义的是，那些主张建立"好政府"的进步主义者也创造了一种治理模型，这种模型将普通公民排斥在政府政策制定之外，这些模型因倒向精英集团的利益而扭曲了民主的本质。

理查德·博克斯通过重新界定行政职业者和公民在他们自己社区治理中的作用，试图将公共行政拉回民主的轨道上来。看到当今公众对政府普遍的不信任，博克斯据理力争，指出排斥公民的作用降低了行政职业者的专业技能，弱化了立法者的政治合法性。解决这一困境的唯一出路就是重新复归民主的准则，在公共政策过程中确立公民积极参与的、包容性的准则。公民参与治理将极大地促进人们对当代政府角色的理解，也促使人们了解政策发展的复杂性、多样化利益间达成共识的困难性以及公共行政管理者工作的本质。

当然，博克斯的观点并非万灵药，他同时也指出了实施社区治理模型存在的风险。公民不仅被期望要参与制定公共政策，还被期望参与执行公共政策。但也许这是对公民过高的期望，因为在今天，许多公民已经不像他们的先辈那样愿意参与公民的事务了。还有一个更大的风险是行政管理职业者，他们也许会由于和其他公民团体一起工作而触犯那些权力精英的利益；同时，职业者也将不再坚守让他们隐藏在专业化工作背后并制约他们行为的政治与行政二分论原则了。社区治理暗含着这样一种情形，即任何一个个人都无法解决社区的问题，因此，吸引公民参与是行政管理职业者工作中一个不可或缺的责任。

同时，我本人还有一个疑虑，在此也继续提醒理查德，这就是社区的狭窄利益问题。在更大的社区范围中，我们应该怎样保证社区治理不会成为狭隘地方性或排他性社区利益的保护伞？这一模型是否更容易在全国那些封闭型、经济强势的社区中实施？社区治理模型如何能够服务于地方贫困者、残障人士和"其他弱势者"的利益？社区治理如何能够拓展其政策基础，以包容外部更大社区范围内邻里居民的利益？社区治理模型能够在大型城市地区，甚至在我们全国范围得以推行吗？

xii

这本著作展示了一个基本思路，即如果公民参与公共治理过程，我们的国家应该如何运转。回答上述问题，需要在模型推行中不断反思、改进。公共管理者、公民、政治领导人都应该阅读此书，因为他们都确确实实对提升政府能力负有责任。在这本书中勾画的原则，也应该成为我们培养公共行政管理专业学生的教学内容的一部分，因为他们就是为21世纪的政府治理准备的人才。

民主充其量是一个庞杂的体系，它并非为效率而设计。然而，时至今日，它依然是政府设计中一种最好的形式。若仅借助于在各个层级的政府职位上使用专家及剥夺公民除投票以外的其他参与权利，则公共行政的发展将导致民主性的削弱。甚至，虽然我们使用一切可能的管理技术来提高效率，付出所有努力来再造和提升政府的绩效，但是，公众对公共行政的信任度却达到了历史新低。社区治理模型志在恢复我们对政府的信心，它要求重视公民的作用，确立公共管理者在发展民主中的核心作用。这些观点的确值得我们关注和思考。

玛丽·M·蒂姆尼
（Mary M. Timney）

致 谢

很多同事、作家、学生、社区中的市民志愿者以及历史数据 xiii
激发了我从事此项研究。我尤其要感谢三个人、一个团体和一些
出版界人士,是他们让我这本书的完成成为可能。

亨利(巴德)·卡斯[Henry(Budd)Kass]教授在过去的
两三年里几次阅读了我的手稿,给我提出了具体的和富有洞察力
的建议,我从中受益匪浅。有时,当我想也许该放弃这项研究的
时候,是他的鼓励让我坚持了下来。

玛丽·M·蒂姆尼教授非常热心,她为我写了本书的序言。
我之所以请玛丽作序,是因为她对美国民主的认识是如此的透彻
和具有批判性,她极为强调公民自主治理,热衷于讨论治理中的
权力关系。当我写了点东西,我总是想知道她的看法。尽管我们
存在着观点上的分歧,但是,和她之间的对话成为我研究工作的
一个指南。

这是我的第一本著作。在我选择成为一名教师和作家之前, xiv
我从事了许多年的地方政府实践工作,我是在生命中较晚的时候
才开始研究生涯的。出版此书对我具有特别的意义,因为我十分
在意那些对我的书极为关注并抱有期望的"听众"们,他们包
括:学者、公共服务职业者、学生和市民,他们都致力于推动民
主的社区治理事业。我还要感谢贤哲出版公司(Sage Publica-
tions)的高级编辑凯瑟琳·罗斯巴奇(Catherine Rossbach),她
不仅仅将我的手稿变成了铅字,而且她使我的书得以在一个对公

共行政学研究作出极大贡献的出版公司出版。

　　我要感谢的一个团体就是我在科罗拉多泉城的科罗拉多大学公共事务研究生院教授的学生们。毫不夸张地讲，没有我的学生们，这本书就不可能写出来。这是因为，书中的很多思考是在我们的课堂交谈和书面对话中形成的，这其中既包括一些实质性观点，也包括公共服务管理专业学生要了解的美国公民与其政府关系的概念。

　　最后，我在本书中使用了一部分我已经发表的文章的观点：在一些地方，我直接引用了一些资料作为新著作的内容，而在另外一些地方，我修改和重新界定了先前作品中的一些概念。我要感谢一些出版人士的友善，他们允许我使用这些材料（引文出处见后面的参考文献）。这些资料包括在由贤哲出版公司主办的《美国公共行政评论》（*American Review of Public Administration*）杂志上发表的两篇文章；在由海沃德加利福尼亚州立大学（California State University, Hayward）全钟燮教授主持的《公共行政理论与实践》（*Administrative Theory and Praxis*）杂志上发表的两篇文章，这是一份属于公共行政理论网络（Public Administration Theory Network）的杂志；在由马赛尔·德克尔（Marcel Dekker）出版公司主办的《国际公共行政杂志》（*International Journal of Public Administration*）上发表的一篇文章。

目 录

第 1 章

概述：复归原初的价值

美国社区治理的参与者们面对着一系列压倒性的挑战：联邦 1
政府削减了对地方政府的拨款，种族间的紧张，基础服务提供中
的资源匮乏，以及市议会—城市经理模式与强市长模式之争等。
然而，在社区治理的历史发展进程中，地方政府面对挑战和混乱
总是一种常态，而不是一种例外。当今的挑战确实令人困扰，但
是，挑战也为我们提升公共服务能力提供了令人振奋的机会。

本书是为那些致力于塑造美国地方，或者在最广泛意义上塑
造社区公共生活未来的民众而写的。尽管我们的研究主要集中在
城市，但是，其中的思想同时也适用于邻里、县、特别功能地
区，以及与公共部门存在交互影响关系的非营利组织。我所指的
民众涉及市民、选任的代议者、公共服务职业者和研究社区问题
的学者。

本书所讨论的问题并不是全新的或完全原创的。美国社区治 2
理实践已历经了两个多世纪之久，积累了实质性的知识和经验
[注意：在本书中我使用了**治理**（governance）一词，而没有使
用**政府**或者**行政**（government or administration）的概念，目的
在于说明治理包含着参与社区公共政策制定和执行的公民、选任
代议者和公共服务职业者的全部活动]①。今天我们社区治理尝
试的思想与理念也是以前尝试过的，被改革抛弃的也是其自我抛
弃的，只不过在后来是以不同形式出现罢了。因此，虽然本书中

---

① 黑体为原著所加，下同。——译者注

呈现的一些思想也许并没有什么特别新奇的地方，但是，这些思想却最大程度地展示或契合了以美国社区治理制度发展历史为基础的治理实践过程。

在本书的描述中，我将美国地方政府与社区公共生活历史和现实的发展趋势及我对公民、选任代议者和公共服务职业者的角色、作用的分析结合起来。分析的结果是我得出了一个关于地方政府结构和政策制定的模型，这个模型强调在效率、理性的公共服务提供与允许公民参与社区治理的开放的、民主的过程之间达成有机的平衡。

我期望，读者们不会认为我的书过于抽象或者出现了某种方式的混淆，以致感觉难以读懂这本书；更重要的是，读者不要认为本书与现实社区治理的日常工作毫不相干。这并不意味着本书忽略了那些帮助我们理解、解释日常生活现象的概念界定。相反，如果我们没有解释现实的概念、理论和模型，日常生活就会变成是一些随机性发生的事件，那么，我们就没有力量来改变生活，使它变得更加美好。因此，概念、理论、模型是有力的工具，它们有助于形塑我们的行为，确定我们周围的环境，促使我们形成看待事物的观念。为此，本书写作的目的是将理论与实践结合起来，探求理论与实践相互作用的关系。其中我力图展示，日常实践与经验如何激发和促进理论的修正，而理论又如何保证日常的行动更加明确、更加有效。

在本书中，我涉及了四个方面的广泛主题。第一，美国人对公共治理的关注越来越导向地方层次，在那里，民众感觉到他们能够真正关注和影响那些关系他们生活质量的环境。当人们将他们的注意力转向他们社区的时候，他们就会复归那些来自社区治理历史的价值。属于此类的三个价值包括：地方控制而不是州或国家级政府控制的公共治理；小型而富有回应性而不是庞大而臃肿的政府；公共服务职业者是公民的咨询者和帮助者，而不是公共组织的控制者。由此，人们将关注焦点从国家级或州政府体系转向地方治理制度。这其中还包含着对一种观点的质疑，这个观点来自私人市场领域，它认为，地方居民仅仅是公共服务的**消费者**，对待民众应如同对待**消费者**一样。然而今天，一些地方居民正在回归他们先前作为**公民**的角色，民众就是社区的所有者和主人，他们承担着社区治理的责任。

［在本书中，我将频繁地使用**公共服务的职业者**（public service practitioner）一词来代替**专家**（professional）。一般来说，我在讨论那些从事社区公共服务工作全职的、职业性的人员时使用**职业者**。当我希望强调职业者与那些缺乏某一特定实践领域的深度知识的其他人士在培训和经验方面存在的差异时，我就使用**专家**一词。］

第二，我们可以运用社区治理的历史经验来促进我们今天社区的发展。我们的人民经历了努力奋斗以决定自己社区未来命运的历史，即使是在他们有时面对着十分困难的经济和政治环境的时候。在这个国家诞生初期，地方政府基于许多原因得以建立，其中包括宗教团结、商业发展和社会安全。在那些原英属殖民地方，殖民者带来了很多地方政府管理的知识，那里的地方政府常常由一些富有的、杰出的居民来掌管。19世纪的社会发展给地方事务管理注入了广泛的公民参与因素，带来了激动人心的改革议程，这是因为，民众必须直面和解决工业化与城市化带来的问题。这些问题的出现呼唤政府改革其管理的结构形式和功能，从而促成了 19 世纪末到 20 世纪初强市长模式、市政委员会模式和市议会—城市经理模式等地方政府制度的实验。实际上，我们今天面对的有关治理问题的挑战与争议也来自这段历史，在我们走向 21 世纪的时候，我们地方政府发展的历史经验也会给我们以改革的指引。

第三，对于参与社区治理的人来说，理解社区政治与经济环境的性质十分重要。在社区里，公民聚集在一起决定社区的政策，其工作的环境大大不同于州政府或国家级政府工作所处的环境。地方往往受到那些它们无法控制的经济、政府与社会因素的影响，而且它们用于处理问题的资源极其有限。尽管地方治理存在着局限性，但是，社区内的政治活动常常是面对面的，很多当地居民可以按照一定的方式参加社区事务，而参与的方式能够保证他们满意地看到他们的努力所获得的具体结果。在一些情况下，社区的权力结构是封闭性的，排斥了公民的参与，它们保持着历史上形成的由富裕的精英控制社区权力的传统，因此，向公民开放自主决定的新机会，应该是我们这个时代最令人振奋，也是最为重要的任务之一。

第四，我们是否能够成功地适应未来社会的挑战，是否能够运用机会最好地履行我们的职责，这取决于我们是否愿意转换我们的角色以适应新的环境。在过去的二三十年间，社会发展的要求已经逐渐改变公民、选任官员和公共服务职业者的角色，21 世纪，他们将成为担当社区治理重任的主角。这些发展变化表现了人们寻求理性化、职业化行政管理与民主公开性、公共责任等价值之间的平衡的努力与探索。在探索中，公民、选任官员和公共服务职业者角色的发展变化体现为：（1）公民成为社区的治理者而不是消费者；（2）选任官员的作用在于协调公民参与治理的种种努力，而不是替他们作出决策；（3）实践者关注的焦点是帮助公民实现其社区治理目标，而不是着力于控制公共权威机构。

在本书的后面，我将借助于陈述地方治理价值和思想复归，强调社区性质和历史知识的重要性，来构建一个有关下个世纪公民、选任官员和公共服务职业者治理角色变化的模型，以此勾画出一条未来社区治理发展的途径。我描述的其中一部分变化已经处在进行之中，而另一部分描述则可以引导我们的行动，以达成富有意义的目标。我期望，读者能够发现，我称之为**公民治理**（citizen governance）的模型可以激发思想，唤起人们对美国社区在公共服务提供中的重要性的认识。

本章和第 6 章写作的目的是让读者能够快速把握公民治理的基础。同时，如果读者为了更加深入地理解公民治理模式，也许应该阅读第 2 章到第 5 章的内容。现在，就让我们密切地关注下列思想。相对于州或国家级政府而言，这些思想更加激发起人们对地方的兴趣——治理观念促使我们复归那些蕴含于美国社区历史传统之中的价值。

1.1　回归往昔的三个价值

回归往昔的价值之第一条：地方控制

20 世纪 80 年代，里根政府倡导将一些联邦政府层次上管理的公共项目交给州政府和地方政府。当然，这不是什么新的举措，过去执政的政府也采取过相同的措施。与早些时候的政府一样，罗纳德·里根政府也没有能够快速地变革公共项目和服务的分配方式，因为，变革这样一个偌大的、既定的利益结构体系，转而关注那些与国家级政府隔断了财政联系的公共项目的效果，的确是一件相当困难的事情。尽管国家级政府显然无法彻底改变公共服务集权化的趋势，但是，20 世纪 80 年代期间，国家级政府确实遭遇了至今仍耿耿于怀的财政亏空困境，因为，政府显然没有足够的钱去做我们想要做的一切事情。面对着大规模社会福利项目的低效，人们对政府是否具有成功运作这些项目的能力表示怀疑；而且，由于政府可动用资源的短缺，使美国人已不太期望从国家级政府那里得到太多的东西，他们将目光转向州或地方政府，将它们作为公共问题解决的中心。

事实证明，这一回归地方的行动带来了一系列景观：更积极的公民能动主义观念（citizen activism）及公民在地方公共事务中更广泛的参与；**社群主义**精神的复苏，要求地方居民承担起关注他们自己问题的责任；抵制国家级政府或州政府官员以及本地政治、经济精英对地方政策过程的控制；公民发起对税收限制、增税及其他议题进行投票；开放的公共参与及对社区的未来作出决策，而不是将这样的决定权交给少数的地方领导者。更多公民关注社区公共事务的情况充分表明，人们开始回归 18 世纪末美国人创建这个国家时所持的一种特有的公民资格（citizenship）观念。托马斯·杰斐逊（Thomas Jefferson）坚信，治理美国的理念一直都是聚焦于小型的地方政府，而州政府和国家政府仅仅履行那些为数有限的、特定的功能，并且这些功能十分关键（例如国防），又是地方政府或州政府难以履行的。杰斐逊的思想折射出美国人最基本的价值取向——依靠自己和社区——或者说是选择另一条道路，即将地方控制（local control）观念对立于认同更大的、更遥远的政府单位的观念。

然而，在整个 20 世纪，伴随着美国社会高速城市化和工业化浪潮，美国人传统上所持的地方控制的基本价值已经被大型政府行动所替代。地方政府，20 世纪初期这个曾经是国家体系中公共收入汲取和支出的中心，在 20 世纪以后的发展中，开始变成整个政府支出结构中很小的部分，而且，它们的收入严重地依赖于国家级政府拨付的资金，国家级政府以府际间援助的方式，将这些资金分配到州政府和地方政府（Nice 1987，45–49）。由于资源日益稀缺，地方政府间在就业和经济增长上竞争日趋加剧，而由于地方私营企业和地方政府机构的扩张、重建以及大规模地兴建基础设施，更加刺激了经济发展的需求。于是，这就导致了**预期饥渴**（antici-

patory anxiety）现象（Logan and Molotch 1987，294），即各个社区竞相以减免税 7
款、出让土地、营造基础设施环境和开设公立院校培训项目等高出其他地方的优惠
条件，来吸引企业的投资——即便是在私营公司自身更愿意选择那些没有这些刺激
条件的社区的情况下。

就在地方从独立转为依赖的这个变化过程中，一些人，例如美国哲学家和教育
家约翰·杜威（John Dewey）就明确指出："虽然我们说尽家庭和邻里组织的所有
不足之处，但是，它们永远是培养民众精神的首要组织。借助于家庭和邻里组织，
公民性格得以稳步地形成，公民特有的草根思想得以逐步地确立"（Dewey 1927/
1985，211）。他认为，"民主必须始于公民的家园，而这个家园就是我们邻里的社
区"（218）。杜威是一个乐观主义者，他拒绝相信现代城市化—工业化社会能够阻
止美国人向早期的地方价值回归，虽然在这样一个大规模、批量生产的社会中，早
期地方价值往往被忽视或省略掉了。

杜威还写道："与家庭、教堂和邻里社区分离所留下的疏离与割裂感"，"并不
构成为一种内在的力量，尽管这种力量已经导致了社会整齐划一的标准化、社会流
动和远距离无形的关系，但是它却不能致命地摧毁人类回归地方家园的行为与结
果"（215）。他预测了一个未来的景象，在那时，由于工业消费文化提供了标准化
的生产模式，这将使人们摆脱基本生存要求的困扰，允许他们实现作为个人的全部
潜能。现代社会流动并不能摧毁人们的社区情感，相反，它能够刺激新思想的产
生，能够"防止过去因过分专注稳定性而导致的僵化和停滞不前"（216）。

在 21 世纪，促使人们回归地方控制价值的环境逐渐成熟。社区内的公民开始
选择超越依赖于州和国家级权威机构的行为方式，选择超越依赖于投入时间、能源
及各种资源数量与其他社区进行经济竞争的行为方式。并不是每一个人都相信物质
或经济增长对他们的社区是一件最好的事情，也不是每一个人都相信政府应该是推
动经济增长的工具。21 世纪，在那些民众聚集在一起，集体决定社区未来的地方，
民众将更有可能质疑以往经济发展和物质膨胀的模式，他们将花更多的力气关注空
气和水的质量、学校培养能力、社会不公平、基础设施建设成本、交通堵塞以及生 8
活环境美化等问题。

在很多地方，这一再度复活的地方控制观念已经在过去的一二十年间占据了一
定的位置，而在一些地区，这一观念甚至已经成为一项全州共同关注的话题（Gale
1992；Nelson 1992）。无疑，在下个世纪里，通过知识和参与途径来更成功地实现
控制的公共观念，必将成为一种不争的事实。这个观念能够极大地改变选任官员与
普通公民之间、公共服务职业者与其选任上司及公众之间的关系。决定社区未来的
过程与企业领导者作出决定的过程并不相同，后者可以无视是否有大规模的反对存
在。然而，相反，决定社区未来的过程更像是社区的对话过程，在其中，"公民和
行政官员……一起参与，共同决定要做什么，并且一起采取行动来提供社区的公共
产品"（Strivers 1990，96）。

当然，许多公共事务并不能够在地方层次上得到有效解决，例如，处理国防、
州际关系以及民权等国家事务，这依然需要国家级政府的行动。同时，州或地区层

次的政府也有不少类似的情况。而且，如果公共服务提供需要具有经济规模效应的话，那么，由大型组织提供公共服务会更加有效。

回归往昔的价值之第二条：小而富有回应性的政府

建构小而富有回应性的政府意味着，应建立瘦型而有效能的政府组织，以积极地回应公民的要求。这样的政府只做公民让他们做的事，而且，它应以对服务使用者友善的方式而不是以烦琐的官僚方式为公民做事。在 20 世纪里，美国人非常自然而然地期望政府来解决许多社会问题。我之所以称之为"非常自然而然"，是因为，在 20 世纪，各个层次政府组织的行动覆盖了很多领域，如控制资本主义体系的过度发展、引发战争、解决经济衰退、建设基础设施以应对快速的人口增长，以及保护自然环境等。然而，在 20 世纪末，人们越来越清醒地认识到，政府的行动是有局限性的，其知能（competence）和资源均存在着限制，而且公众愿意让政府侵入他们个人生活的领地也是有限制的。

最近，公共管理中出现的一些常用语言凸显出新型公共观念的形成，这一观念即是：政府组织应是小型化的，应明确地适应公众的要求，应较少地干预公民个人生活领域。下列一些词语就反映了这一现象，它们包括**公共服务的民营化、公私伙伴关系、公共管理中的企业家精神、全面质量管理、顾客导向的服务和政府再造**等。其中的每一个概念都体现了 18 世纪启蒙时代这个国家建立时的价值与精神，这些价值分别是自我依靠（self-reliance）、个人自由（individual liberty），以及政府组织只从事那些大多数公众需要并为此付费的事情和私人市场无法有效满足的事情。当然，并非所有这些管理概念或个人主义价值在所有环境下都是好的或有用的。它们会给一些合法正当的公共目标实现带来负面的影响，同时，也会与其他一些正在形成之中的更加倾向于集体主义的价值观产生冲突，后者强调合作行动、个人参与公共治理行动的责任、社区观念和奉献于公共服务的精神。

正是在这些价值的相互竞争中，公共治理的环境得以形成。比起过去几十年美国人对政府的态度，在今天公共治理的情境中，许多美国公民对政府的角色定位已经有了完全不同的认识，他们中间的一些人希望能够加入到决定社区治理方式的行列中。我们暂且不说别的事情，就拿公民现有的想法来说，它常常意味着，公民有权选择他们需要什么样的公共服务，需要多少公共服务，以及需要以怎样的方式提供公共服务，而不再是由选任官员或公共服务职业者来一相情愿地决定。公民可以选择哪些特定的公共问题需要由个人或邻里组织来解决而无须花费公共资金，哪些特定的公共问题则应由地方政府动用公共支出来解决。因此，公民实际上参与了寻求公共问题解决方案的过程，例如，他们可以决定是在社区中建立一应俱全的公园和娱乐设施，还是只在一些重要地方修建几个公园；消防服务应由全职付薪的职员来提供，还是应该由志愿者或者全职人员与志愿者混合模式来提供；在社区中，是否应设立公有的社区医院，以及是否应提供公共运营的固体垃圾收集和机动车修理或维修等服务。或者，公民可以选择一些替代的方案，即这些服务是否应该以由私营部门全部独自的方式，或以租约外包的方式，或以与公共部门相互合作的方式来提供。

当然，并不是每一个公民都愿意参与解决邻里问题，或者参与解决其居住区地方政府内出现的公共问题。很多公民之所以这样，仅仅是因为他们没有时间。即便如此，复归小而富有回应性政府的价值观仍然意味着，公众不愿再被动地接受由政治领导人和公共服务职业者单向作出的有关政府应该做什么以及应该怎么做的决定。相反，未来的现实情况可能是，许多公民要为他们自己作出选择，即他们要决定，什么样的公共服务应该通过政府集体的服务供给机制来提供。

民众越来越明确地意识到，政府提供的服务不是免费的。其实，决定是否提供一项服务就是决定在这个管辖区内每一个纳税人必须为这项服务支付多少钱。与志愿者为教堂、健康俱乐部、慈善机构做义务贡献不同，当公民选出的代议者决定向公民征税以提供一种公共服务的时候，每一个纳税的公民就会质疑政府是否应该提供这项服务。这样就让选任的和委任的官员背负起特别沉重的责任负担。在我们这个资源稀缺的时代，纳税人的反感、公众对政府规模扩大的不良反应，都会不断增强公民直接监督的力度，强化公民直接参与政策制定过程的要求。

回归往昔的价值之第三条：作为顾问而不是控制者的公共服务职业者

19 世纪末至 20 世纪初，改革政府的努力被这样一种信仰支配着——应该将科学管理的原则注入到公共组织之中，以科学的、类似商业组织的方式进行管理就需要将政治与行政分离开来，使用经过专业训练的职业人员而不是政治任命官员来执掌公共服务的事务。在 20 世纪中叶之前，公共管理的职业化发展就已经招致了公民强烈地反对理性—职业化管理模式，呼吁官员更多地对公众负责。从事地方政府公共行政管理研究的学者们发现，选任官员和社区成员更期望公共服务职业者作为专业的咨询师和日常事务的管理者来发挥作用，而不应该成为构建社区愿景和倡议公共政策的领导者。另一方面，尽管一些研究显示，职业者也努力地与公众的偏好取得一致（Fannin 1983），但是，许多职业者还是把自己看成是公共政策活动的中心，看作是公共行动的发起人（Loveridge 1971；Nalbandian 1989）。

美国人总是时刻警惕着由精英控制的政府，而不管这些控制者是金钱上的精英、权力上的精英，还是经过训练的职业精英。建设现代城市化—工业化社会的过程确实需要职业化行为的引导，这是显而易见的，然而，20 世纪中期，为了应对各种各样利益集团的诉求而产生的政治挑战，人们所关注的焦点也开始转变了。在这个日益差异化和快速变化的政治环境中，伴随着传统价值观的回归，维持民主控制价值的要求再一次引人注目，这一价值认为，职业者或专家应是公共服务的咨询者和扶助者，而不是社区治理的控制者。

21 世纪，就在公民越来越深入地参与社区事务，要求公共服务的职业者承担更多公共责任的过程中，上述发展趋势似乎进一步强化了。公民也许更明确地意识到，他们需要选择优化的、适宜他们的制度结构，以塑造社区的政府。如果说19世纪至20世纪之交的改革家们倡导建立最大限度的中央控制和高效率的组织结构的话，那么，21世纪的改革家们则将今天的创新视为是一个创建以公民为中心的治理结构（citizen-centered governance structure）的复兴实验过程。例如，市议会—城市经理管理制度结构会将选任官员放在检视公共服务职业者行为而不是促进政策形成的位置上。而狭窄的、限制性的公民参与过程则会将民众放在反对政府行动而不是积极参与公共政策制定的位置上。而导致上述结果的传统结构或许将被改

¹² 变，未来的制度将向强调公民参与，强调选任代议者向公民告知相关公共政策状况的方向发展。社区居民将会在重建这些新型制度的过程中发挥积极的作用，与此同时，他们要求政府承担责任，要求自身直接参与到公共服务的提供中去。对于选任官员和公共服务的职业者来说，这一创新过程意味着，他们要以更加灵活的态度对待改革，摆脱保护个人权力范围的预防性心理，并努力投身于针对社区公共事务管理的公开对话过程。

1.2 波浪形改革过程中的下旋运动

美国历史学家阿瑟·M·施莱辛格（Arthur M. Schlesinger）曾经指出，自美利坚合众国建立以来，美国的政治历史就以循环的方式发展着，它回旋于**公共目的**（public purpose）的发展阶段与**私人利益**（private interest）的发展阶段之间（Schlesinger 1986）。施莱辛格的父亲在1924年首先提出了这个思想，界定了建国以来的11个循环阶段，并发现"其中6个阶段的主要目标是增进民主价值的发展，而另外5个阶段的目标则是遏制民主的发展"（24）。尽管对有关政治历史特定的循环周期长度及引发原因的讨论存在着争议，但其脉络却似乎非常清晰，正如我们所看到的那样，在艾森豪威尔、肯尼迪/约翰逊和里根政府执政时期，政府的职能活动出现了摇摆，而在这些时期中，人们对政府的政治态度也出现了周期性变化。

1969年，赫伯特·库夫曼（Herbert Kaufman）在《公共行政评论》（*Public Administration Review*）杂志上发表了一篇文章，文中库夫曼争辩道，美国人会一阵阵地体验到价值观的转变，而且"我们政府统治机器的行政管理历史可以被解释为是这类转变连续不断的发展过程，每一次变革都促成人们强调下列三个价值观中的一个，这三个价值观分别是代议制、政治中立能力和行政领导"（3）。库夫曼将我们最早的政治制度看作是对"殖民地时代行政执行占统治地位"取向的反应，继之而起的是19世纪"极端依赖于"代议制的机器"，从而导致了对"立法至高无上"和政治恩赐制度否定性的评价，其中在政治恩赐制下，行政职位根据政治背景状况的考量来任用和补充人员。于是，这引发了19世纪末20世纪初的行政改革，

¹³ 改革者强烈要求将政治与行政分离开来，建立以功绩制为基础的人事行政制度，促进行政集权，以提高行政效率（Kaufman 1969，3-4）。

1969年，库夫曼看到针对前一阶段过度改革的反向运动又发生了，这次运动

主张分权化和更大程度的公民参与，其导向是以转向代议制价值为标志。库夫曼断定，这一"改革波浪"之后，将会紧跟着另一次反对地区性党派效忠的政治运动，以及大范围的地方实践变化。而新一波的改革将强调政治中立能力，将诞生"新一代的思想家"，他们力图通过让官僚远离"政治白热化"的方式，提升公共管理者的品质、连续性、无偏私性、道德责任及献身于工作职责的能力。

在合众国创建时代，联邦主义者（federalist）和反联邦主义者（anti-federalist）就在政府与被统治者之间关系这个实质问题上出现了深刻的哲学分歧。他们之间的纷争被带入国家级政府组织的初期治理中，那时，亚历山大·汉密尔顿（Alexander Hamilton）持有这样一个观点：在提出和解决国家问题方面，国家级政府应是更为有力和生机勃勃的；而托马斯·杰斐逊则主张另外一个观点：最好的政府应该是地方化的、有限的，并由有知识、有教养和积极参与的公民来治理（Matthews 1986，86-89）。

19 世纪末到 20 世纪初，在改革者们试图通过改革政党政治机器，以寻求消除其对城市地区控制的途径时，政府的性质以及政府与公民之间的关系等问题，就成为地方政府改革中被关注的焦点（其简洁的历史发展可参见 Adrian 1988）。改革者们总体的目标是最大化地实现经济与效率，所以，他们倡导应将城市"像一个企业那样经营"（Stillman 1974，20-22），应让城市服务于"公共利益"，而不是特定的私人利益。改革者们期望将政治与行政分离开来，雇用有经验的职业管理者来解决技术问题，并将科学管理的原则应用到公共组织之中（Ross，Levine，and Stedman 1991，138）。可见，潜藏于政党政治机器与改革动力之间的冲突，实际上是政治回应性和理性—职业化两大行政管理基本价值之间的矛盾。

在改革家们采纳的一些特定措施中，他们用以实现社区改革目标的手段是实施 *14* 社区超党派的普选，以此替代原有的分区（subareas）选举，即选区（wards）或地区性（districts）选举。实行社区超党派普选措施，旨在促进全社区内更广泛的利益表达，而不是仅仅局限在邻里所关注的狭隘的利益上。另一项改革措施则是推行公务员制度和改革组织结构。最先，改革者们首先尝试着使用**市长—市议会**（mayor-council）或者**强市长**的管理制度，在这个制度中，首席的行政长官是由选举产生的；紧接着，改革者尝试了**市委员会的管理制度**，在这里，行政管理工作是由几个被选举出来的市政委员们来分担的；最后，改革者们又尝试了**市议会—城市经理管理制度**，在这项制度中，地方首席的行政长官是由选举出来的市议会委任的职业管理人来担任的（Stillman 1974，11-15）。上述这些连续结构性变革的目的在于提供有效的领导模式，以解决不同时期的迫切问题和社会需求。这些问题常常是有形化的和具体的，诸如修建适宜的道路，建设污水处理和自来水设施或其他公共服务设施等，但问题解决过程往往也伴随着复杂的管理与协调问题。

推进地方政府改革取得了大规模的成功。许多涉及城市设施结构的问题得到了解决，与老板和政党政治规则相伴而生的权力过度滥用现象一去不复返了。改革者们所偏爱的地方治理制度，即市议会—城市经理制度"在两个时期中经历了极其迅速的增长：第一个时期是第一次世界大战后的一二十年间，由职业管理者来管理城市的数量增长了3倍（从100多个城市发展到400多个城市）；第二个时期是第二次世界大战后的一二十年间，实施这种管理模式的数量又增长了近3倍（从600多个城市发展到大约2 200多个）"（Stillman 1974，20）。根据国际城市/县管理协会（International City/Country Management Association）所做的一项调查发现，到了20世纪80年代中期，在人口超过2 500人以上的4 365个美国城市中，实行市议会—城市经理管理模式的城市已经占到了一半。即便是在行政结构离散特征很强，并存在大量选任领导者的县政府中，使用职业化的行政管理者的现象也越来越普遍了。

然而，抵制和反对地方政府职业化的呼声也同时在加强。作为社会—政治运动，地方政府改革的成功产生了某种相互抵消的作用，一方面，让问题得以解决的新制度日益引人注目；而另一方面，由改革引发的负面变化特征也逐渐明显。对职业主义的部分反对和抵制通过制度本身的一些变化体现出来，这些变化反映在普选让位于地区性选举；选民直接选举市长的制度代替了由市议会从其成员中选择出市长的制度［在实施市议会—城市经理制度的美国城市中，已有2/3的城市改为由选民直接选举市长了（Protasel 1988，811）］。

大多数抵制改革结构的行为则集中在把城市经理看作是地方政府管理职业化的标志。早在20世纪50年代，正当国家开始开发城郊，建设现代化高速公路设施、水处理系统、学校及其他公共服务设施，以回应人口增长和城市化发展的需求时，我们就听到了反对的声音，它直指当时已经初露端倪的专业人士篡夺民主化社区控制权的现象。1958年，多萝茜·斯特劳斯·皮利（Dorothee Strauss Pealy）在《公共行政评论》杂志上撰文，表达了这样一种思想：市议会—城市经理的管理制度过于追求效率价值，而忽视了政治的考量。皮利主张重归党派选举和强市长制度，这一点也正好反映了密歇根州刚刚被选举出来的一位市长格兰德·拉皮德斯（Grand Rapids）的观点。这位新市长说：

> 扩张权力和权威乃是人类本性使然。如果市政委员会的委员们对他们的工作抱着懒散、粗心大意或者漠不关心的态度，那么，城市经理就会有篡夺那些本属于草根层委员们的权力的倾向和冲动，甚至还可能达到这样的地步，他会觊觎那些严格属于选任官员职权范围的政策建议权。这应该是不能容忍的。（214）

鉴于皮利的论文在这个领域已经作了大量研究，所以，有一点十分清楚，即不管选任的代议者是不是喜欢，地方的职业管理专家已经深深地介入政策形成的过程中了（参见Savra 1990，第6章）。在通常情况下，选任代议者是不喜欢这种情况发生的。20世纪80年代末，我在作一项有关市长竞选运动的案例研究时，发现一份报纸引用了一个有50 000人口城镇的市议会成员的话："我不要城市经理来经营这个城市。我们（市议会）需要创新。我不希望城市经理提出议案，告诉我们应该何去何从"（Box 1990，158）。

1988 年，格雷格·普罗塔赛尔（Greg Protasel）仔细观察了草根公民推动其社区改革的行动，改革是通过摒弃市议会—城市经理制度，进而实施市长—市议会（或者强市长）制度进行的。他发现，这些改革运动大多数发生在小城市里，在那里，选任的代议者常常缺少领导技能，过度依赖城市经理，于是，城市经理就成为专家控制政府的经典标志。罗布·格威特（Rob Gurwitt）在《统治》（Governing）杂志上发表了一篇文章，讨论了"强市长制度吸引力"增强的问题。这篇文章给国际城市/县管理协会这样一个职业管理者的组织带来了严重的威胁。该组织在其月刊《公共管理》（Public Management）杂志上发表文章反击格威特的观点，这篇文章的标题就是《警惕强市长制度的吸引力》（Blodgett 1994）。

在很多地方，社区有关政府形式变革的讨论非常普遍。有些学术研究在探讨人们为什么摒弃市议会—城市经理政治制度时，有时会发表一些言论。他们认为，这些制度改变的现象只不过是一些孤立的事件，是一些极端的案例，然而，情况却不是如此。事实上，在美国的历史上，拥护不带情感色彩的职业主义管理模式的人与支持民主控制公共政策过程的人之间的政治争论绝非偶然事件。在很多地方，对于地方政府形式的讨论是地方政治发展中的一个特质，只不过有时它们低声细语，有时则上升为大规模嘈杂的政治辩论。很长时间以来，这种现象在美国社区中是有目共睹的。

然而，无论这个现象多么吸引人们的眼球，可是，在我们考察美国地方治理结构的发展趋势时，我们却不应把过多的注意力仅仅放在城市经理问题上。我们还面对着一些同样广泛的问题，这些问题涉及公民、选任代议者和公共管理者三者之间的关系，而这一关系在所有层次的地方公共机构中都可能存在（例如，比较研究市长—市议会结构和市议会—城市经理结构中的部门行政长官，参见 Abney and Lauth 1986）。很多从事公共行政管理研究的学者似乎比较喜欢职业主义的地方政府模式，这种模式的特征是行政官员拥有比较宽泛的政策制定权限范围，其理论基础是：公民一旦介入日常行政管理（微观管理）程序，则势必导致非理性或无效率 *17* 的结果。然而，美国地方治理的文化和社会基础却不是职业化的理性主义，而是民主的自主治理。关键的问题在于"在改革政府结构和职业化官僚体系的过程中，改革者将政府推得离民众越来越远"（Ross，Levine，and Stedman 1991，155）。

民众时常在情感上强烈地归附于他们的社区，他们将社区视为是大城市生活的避难所，是维系家庭生活的场所，也是创造他们梦想的生活环境的机会。如果公民确信，职业化的政府结构剥夺了他们控制社区特质和未来的民主能力，那么，他们或许会采取有效的行动找回他们失去的控制权。如果政府制度不能让社区居民接近公共政策过程，或者只将居民视为事件而不是人的话，那么，居民恐怕没有什么特别的理由一定要支持政府的制度。虽然职业行政官员们也可能考虑不满的公众提出的地方治理应具有更强的政治回应性的要求，但是，他们应该明确，地方政府存在的目的永远是服务于社区公民，而不是以职业主义的思维方式考虑如何操纵公共生活。民众常常认为，他们有合法的理由抵抗职业化的、理性主义式的行政管理。从职业主义角度看，不管这个观念是否合理，但公民的社区毕竟是公民自己的社区。

施莱辛格的政治历史循环理论和库夫曼的价值转换思想并不一定反映所有社区的发展规律，尽管我们经常能在地方层次上察觉到循环的、波浪形的改革尝试。马丁·谢夫特（Martin Shefter 1985）分析了纽约市反复发生的财政危机情况，发现财政危机往往是由那些力图讨好各种各样选民的政治家们引起的。政治家每一次追逐政治性的支持，都会驱使这个城市走向财政危机的爆发点。商业领导人们总会要求将在位的政治家驱赶下台，并要求恢复财政的责任性。H·爱德华·弗伦特杰和温德拉·库尼汉（H. Edward Flentje and Wendla Counihan 1984 ）在文件中记载了堪萨斯州的威奇托（Wichita）市改革过程中呈现的波浪形运动状况。在那里，当市议会希望维持现状时，他们就指定"内部人"（insiders）来担任城市经理，而如果市议会成员需要在政策上作出重大改变时，他们就从外边雇用职业管理者来担任城市经理。

每一个社区的政治历史，包括它们波浪形改革的历史（如果它们有这样历史的话），都是独特而无可比拟的。20 世纪的大多数时间里，在职业化和理性行政管理价值与民主开放和公共责任价值之间，天平更多地倾斜于理性的职业主义一边，那么，我们今天则要倒向民主一边。数十年一波的改革波浪要比施莱辛格界定的 16 年一轮换的历史循环要长得多，它更像库夫曼所描述的价值转换过程。就像我们前面指出的那样，我们现在正处在长长的地方改革波浪式的下旋运动过程之中，朝着一个并不确定的目的地行进。库夫曼曾建议道，价值转换是循环的过程，在循环中，"明天的改革者将会倍加防卫那些正处在攻击之下的许多特定的制度（正如当今正处在争论之中的变革措施一样）"（1969，12）。施莱辛格谨慎地界定他的循环历史的特性，不让它们陷入自身的反复重复或复制，避免像一个前后摇摆的钟摆，在两个不变的政治对立点上来回晃动。相反，他指出，每一次循环都会带来一些新的东西，而新东西又改变着社会和政治的实质。尽管施莱辛格讨论的是国家政治问题，但实际上，他也道出了任何层次上人类历史发展共同的东西——时间引导了变革的悖论，即变革的东西看似是崭新的，但它无非是过去模式的重复。

这一悖论式的旧与新的混合体也许就是对今天从职业理性主义价值走向民主开放价值运动最恰如其分的诠释。当然，几乎可以确定的是，当今政治与行政变革运动正沿着改革波浪向下行进，但这并不意味着要将美国地方政府带回到 19 世纪的政治机器模式，或者回到政府出于明显的追求私利目的而谋取财政利益的时代。然而，当今的变革确实意味着人们要从完全利用集体的（政府的）力量来解决所有问题的方式，转向更加复杂的问题回应和解决方式，即结合公共服务和私营服务的力量，运用各种各样实验的管理结构，实现治理目标。这是 19 世纪末 20 世纪初改革之前存在于美国人与政府之间的关系模型，而且，它仍然是 20 世纪末 21 世纪早期后工业社会时期的关系模式选择。对于参与社区治理的民众来说，变革意味着重新定义公共决策制定与实施中各种角色的过程，这一过程是以公民为中心，而不是以官僚为中心的。

1.3 社区治理的原则

回归往昔价值的概念和回归地方的下旋改革运动为我们进一步讨论公民治理问题作了铺垫。公民战略是这样一种模型：公民、代议者和公共服务职业者在治理社区的过程中一起加入进来，因此，他们各方力量集合起来共同应对下一个世纪提出的挑战。

我本人并没有抱什么恋旧情结，主张我们倒回到过去那些纯粹理想化的观念中去，因为，这样的理想化观念会掩盖现实生活中限制妇女、少数族裔和经济上的弱势群体有效参与公共生活的事实，限制参与正是以前价值的基本特征。本书也不想表达这样一种愿望，即将技术和社会进步的时钟倒拨回去。对，这不是我的观点。我的观点是，无论是个人还是集体，我们都有自由选择的权利，在一个地方，我们期望发现自己成为能够连续、自主地决定和控制我们自己的地方公共生活的主体。当我们即将进入新千年的时候，我们看到了这样的现实，很多美国人都表露了一个愿望，那就是，在经历了几十年的被动生活之后，他们要复归到以前那种积极的、主动的生活中去。

在本书中，从公共行政领域角度，从那些关怀社区发展的公民的角度，我陈述了一些合理而现实地回应未来发展趋势的理由。我提出的论点是描述性的，也就是说，书中论述、描述了过去和现在，并运用相关知识检视了未来发展趋势及地方治理结构面对的挑战。同时，本书的研究又是规范性或者规定性的（prescriptive），它力图探求、发现我们的选择将怎样适应挑战并决定社区的未来。我针对回应挑战我们应该做什么这一规范性问题提出的建议或思路，是由下列四项社区治理的原则来引导的。读者应首先接受这些原则作为本书写作的"既定"目的，应意识到这些特定原则的选择以及它们被运用的方式反映了作者的一种判断和个人偏好取向。进一步说，我们应该认识到，这些原则仅仅在我们所处的时代和地方，在我们的国家和我们生活的时代才是合理有效的。我们并不能假定，下列价值可以被正确地运用于其他文化体系中或其他时代里。虽然，我们或许可以与其他时代或地方的人民分享某些价值，但是，我们通常不能将我们依赖的价值强加在其他人的头上，因为，我们不能完全了解他们。

书中讨论的原则源自美国社会几个世纪的发展。虽然它们并非是一致性或为每一个人所同意、接受的，但是，它们却自殖民地时代以来，一直保持、存在到今天，在美国公民与他们政府的关系"最好"时期，这些原则有时也处在人们争议、辩论的中心。我们讨论的原则来自美国人离开旧世界来到新大陆的特殊经历，来自美国人定居新大陆，为维护他们特定的生活方式而投身于几次战争的历史经历。与殖民地时代的民众和 19 世纪或 20 世纪初期的公民相比，尽管当代美国人会以不同的态度看待这些治理原则，但是，确立这些原则是人们理解和思考的连续过程，它们分享着与一个时代环境相适应的人类思想。我相信，下列四项原则代表了美国的历史、现实，也展示了美国人尊重地方、民主的自主决定的精神。

1. **规模原则**。许多公共政策问题在国家或州级政府组织那里能够得到最好的解决。然而，作为一个基本规则，将公共政策制定与执行过程尽可能放在贴近那些被政策影响的民众的位置上，应是更好的选择。这样既可以保证公民直接参与，创造富有意义的自主治理，同时，也可以保证政府的公共项目更富有弹性，能够回应变化，即时、理性地达成项目创立的目的。将公共政策过程尽量保留在"最小的"层次上，这意味着一种假定，即如果在邻里层次上决定的政策能够符合政策问题和备选解决方案的性质，那么，邻里层次的决策就是最好的；接下来，如果政策决定在社区层次上作出是最适宜的话，那么，我们就应该选择社区层次的决策；再下来就是地区范围或层次上的决策。当这些层次的政策决定都不能实现人们期望的结果时，人们才应寻求州政府或国家级政府的决策方案。简言之，当我们确定某一层次的政府是解决一项公共政策问题的最佳组织时，我们所遵循的规模原则规定了自下而上而不是自上而下的选择过程。

2. **民主原则**。能否保证公共政策制定获得"最好的"结果，取决于公民是否能获得信息，并能对公共政策问题进行自由而公开的讨论，而不是依赖于精英集团的偏好或者局限于选任代议者的审慎决断。这一原则寄托了人们道德的或伦理的期待，即在社区生活中应赋予公民拥有更多选择和决定其社区未来的机会。

3. **责任原则**。社区居民是他们自己社区的"所有者"，所以，他们应该作出必要的决定以确定应该提供什么样的公共服务以及如何运营这些公共服务。选任代议者和公共服务职业者在社区的公共生活中发挥着重要作用，但他们的角色应该是提供帮助和支持，而不是成为公民的上级，他们应和公民在一起行动，这才能形成一个社区。提升政府对公民的责任性，迫切需要民众与代议者和职业者一道参与公共政策的整个过程：从讨论如何选择行动开始，到制定公共项目的政策，再到公共项目执行中的行政管理，最后在可见的绩效结果基础上进行改革。

4. **理性原则**。在制定公共政策和公共项目决定的过程中，公民、选任代议者和公共服务职业者应该努力地理解和清晰地表达他们作出选择凭借的价值、假定和理由。公共政策的理性价值并不意味着要求官员以简洁的、充满秩序的、无情感色彩的或预先规定的方式来思考和行动。理性观念是要人们认识到，公共政策是一项重要的事业，它需要时间、审慎的思考，需要公民有表达自己意见及使自己的意见被听取的机会，以及尊重他人观点的态度。

1.4 "是"与"应该"

正如前面提到的，本书写作有两方面的目的：一是描述性（即现实是什么，我们能够告诉人们什么）；二是规范性或规定性（即我们应该拥有怎样的未来）。所有的研究和写作都有其目的，也有其倾向性，问题的关键是我们能否将目的或倾向性清楚地予以界定。我一直努力能均衡地呈现我的描述性素材，将它们与规范性的论述区分开来。那就先让我尽可能地陈述一下我写本书的目的以及我的倾向性，这样读者就可以了解哪些地方的描述是我努力地展示现实（以及这些现实的描述如何影响了作者的倾向性），哪些地方则是大量的规范性讨论。我存在于并且非常接受我们生活的这个社会，但像大多数人一样，我希望社会不断改进和完善。与本书主题相关，我期望的社会改进方式是增加公民对社区公共政策制定和执行过程的控制。

我们不可能在不考虑社会、经济、政治和行政实践活动的性质以及存在于我们生活中各种制度安排的性质的情况下，讨论富有意义的公共政策问题，理由是，实践和制度两个方面的因素影响或限制了我们采取行动的方式。这些实践与制度安排是聚集人们多年经久不息的决策和行动经验的产物，人们之所以要采取这些行动是因为他们相信，他们真诚、真挚的工作能够改善社区的生活。实践活动和制度揭示了我们生活中可预测的或一致性的事情，但同时，它们还包围在我们每一个人生活的四周，为我们的法律、传统、组织结构和公民对"正确"行为的期望设定了界限。

美国是在这样一个地方发源和成长起来的，在这里，民众可以逃脱强权的控制，摆脱欧洲民族国家和教堂对他们强制屈从的束缚。然而，这些逃离欧洲的人们也带来了那些国家如何组织公共生活的思想，凭借这些思想，他们获得了组织起来治理自己事务的方式。同时，逃脱国家和教会，反对权力控制并不意味着移民们丧失了创造科层式权威体系和追求新型丰裕社会的人类天然本性。就像生活在其他地方和其他时代的人民一样，他们创造出了公共治理的制度，以此对社会的财富和影响力进行分配。 23

美国社区发展的故事就是关于美国公民与他们选择的管理者之间形成不确定与不一致关系的故事。谁应该行使合法的权威以及出于什么目的行使权威？在形成和决定正式的管理结构时，在选择采取什么行动时，以及在决定谁将从公共行动中获得利益，或谁将为公共行动支付成本时，普通公民的角色和作用是什么？公共职业者应向哪些群体或个人负责？他们出于什么样的目的服务于这些群体和个人？地方社区的管理往往会被经济上和政治上的强势人群所支配，这些人凭借社区开发、再开发、销售与租赁等方式，从地方的经济发展和土地使用的交易中获得了利益，并且还为参与这些交易的人们提供了获取利益的机会（这些人包括律师、银行家、会计师、精算评估师、房地产代理商及其他人）。

许多民众并不是地方经济发展中的直接受益者，但他们在日常生活中也受到经济增长状况的影响。例如，零售商的交易可能会随社区经济活力情况的变化而变化；初级和中级学校或学院的学生注册数量会随着经济波动状况发生变化。因此，零售商人和涉及教育需求的人就与社区的经济增长情况存在着利害关系。这种现象同样发生在其他许多职业的公民身上。于是，识别一个"精英"是否出于其自身的利益来控制社区并非那么容易。我们每一个人必须区分并估价我们自己的利益，明确我们要从社区中得到什么，决定如何平衡地方经济活力与生活质量之间的关系。我们要尽力解决的问题是，在既定的政治与行政制度框架下，公民应以怎样的方式投身于民主治理工作。

24 　本书实然研究中的一部分用于描述公民性、选任代议制和职业化公共行政实践的模型；另一部分用于讨论公民、选任代议者、公共服务职业者角色与作用的变化以及地方政府运作方式的变化。对于历史发展和现实状况的描述，我的目的在于充分地展示相关研究和著述领域的思想主题。毫无疑问，有关资料的选择和描述受到了笔者个人偏好或倾向性的影响，也就是说我更倾向于以杰斐逊民主观念作为引导和方向，偏好于建构自下而上而非自上而下的，即分权化与地方化的体系。在这里，地方制度允许民众参与治理而不依赖富人、有权人和专家替民众从事公共管理工作。这也许与汉密尔顿的民主观念形成明显的对立（参见 Stillman 1995，第 7 章），后者认为，由受过教育的人或专家来统治大型而庞杂的国家政府，可以促进商业经济的繁荣。不过，我的描述提供了一些十分有用的讨论线索，即我们应如何了解、懂得社区生活中的公民资格、代议制和职业化管理实践等问题，本书的文献索引则为那些想进一步探讨这些相关问题的人们提供了更多的信息。

　本书的规范性研究部分主要讨论了在地方政府中，公共政策制定和执行方式所发生的变化。研究的重点集中在地方公共组织体系内部的治理。目前在全国，有很多地方正在以优异的、创造性的工作，推进着公共组织外部公民治理方式的发展，例如，他们采取了建立邻里委员会（Neighborhood Councils），创建社区任务推进委员会等措施。但是，就完全实现公民自主治理模式的条件而言，公民治理还必须进入公共组织内部，也就是说，地方居民可以直接参与公共政策的创制，以及决定行政机关在日常工作中实施这些政策的途径。

　在今天，要求公共组织的运营师法私营市场组织经验的呼声不断提高，即公共组织应该保证效率，亲和其顾客，并尽可能将更多的公共服务外包或民营化，通过政府"再造"方式转变其职能。这些呼声反映了管理主义实践以及公共政策执行技术化的倾向，无疑，它们对公共组织的研究十分重要。在本书中，我们考察了公民25 与这些管理问题之间的关系，但是，我们超越了管理主义观点，从社区和公民这一更广泛的角度，考虑如何创立和形成那些为公共行政管理行动设定边界的公共政策。

　本书有关变革的一部分规范性研究受到了我关于社区治理中公民角色思想的引导。在一个理想的公民治理模型中，更多的公民应直接参与公共政策的制定和执行（与此同时，我们还得认识到，很多民众依然会选择不参与公共政策过程），选任代议者应注重协调公民们的参与工作而不是把自己作为最主要的政策制定者；公共服务职业者帮助公民工作而不是把精力集中在控制公共机构上。

　本书规范性研究的另一个部分是结构性的。如果在公民、选任代议者和公共服务职业者角色转变的同时进行正式的组织结构变革，那么，社区治理各个角色的变革可能会获得良好的结果。公民往往通过正式的组织结构表达他们对于政府工作的想法，这一点正像是宪法起草者们所做的那样，他们在立宪时创造了一个权力"分割"的政府，他们将立法、行政和司法三权分而制衡，以避免权力的集中。在地方政府层次上，20世纪初期那些支持市议会—城市经理制度的人们则把单一的、类似企业组织的结构模式看作是政府实施有效管理的基本途径，就像私营企业组织运营的那样。但是，当我们走向 21 世纪，走向公民对公共政策创制和执行行使更大的控制权的时候，那么，社区政府结构似乎也应该同时改进，以保证公共政策制定责任在一个偌大公民群体中的各种各样的角色之间进行有效分配。

　　从公共行政管理和城市政治角度出发，未来社区治理有很多可选择的替代模型。在这部著作中，我提出了一个思路，即社区政府的内在运作方式可以与正在发生的美国价值观变化相契合，同时，我在本书的描述部分提出了一些可选择替代的模式。但是，我并不想为书中争论的有关未来社区治理模式的特殊论点作出什么辩护。治理展示的规范性模型，即公民治理模型，既不倡导激烈的变革，也不是幼稚到要求实现社群主义的、集体主义的未来目标。这是一个地方治理的观念，它建立在个人的、分享职业化社区工作经验的基础上，建立在美国历史、实践和当代地方政府现实的基础上，也建立在有关美国公民与其政府之间关系的美国基本价值的基础上。*26*

1.5　本书的设计

　　在接下来的一章中，笔者考察了在进入 21 世纪之际，美国社区治理模式与公民、选任代议者和公共服务职业者角色变化所处的政治与经济背景。第 2 章描述了我们所处的社区治理发展的时代，这是一个令人振奋的、充满变革和挑战的时代，改革和挑战为我们从今天走向未来提供了丰富的遗产。这一章还描述了美国社区权力的性质以及权力是如何影响那些参与社区生活的公民们的。此章对社区发展及其性质的概述为后面有关公民治理模型的讨论奠定了基础。

　　第 3 章至第 5 章依次集中讨论了公民、选任代议者和公共服务职业者的角色及其作用。这些讨论吸引读者去关注近期有关公民、代议者和职业者三个群体与其政府之间关系的争论。文中，我以对比的方式，呈现了上述三个群体的角色、作用及其未来行动方向的规范性论点。规范性观点的提出适应了我们前面描述的复归过去价值观的要求，适应了我们第 2 章所描述的美国社区性质的思想，也适应了我们讨论的有关规模、民主、责任和理性的基本原则。从这个角度，本书借助于我称之为公民治理模型的三维分析，即有关公民资格、选任代议者的服务和公共服务职业化的实践的讨论，提出和解决下列问题："社区治理面对的挑战将是什么？""我们应该做些什么来面对和回应这些挑战？"

第 2 章

社区治理的性质

2.1 阐释地方治理制度

27   对社区治理性质的分析，可先从阐释社区治理作为一项制度如何在我们生活中发挥作用开始。一项**制度**（institution）是一整套广泛而持久，并为我们理所当然接受的常规化的实践活动，这是因为，我们熟知这些活动，并将它们看作是我们日常生活的一部分。菲利普·塞尔兹尼克（Philip Selznick）曾经写道："一种社会形式经过成长和适应而被制度化时，它就呈现出独有的特征或功能，成为既得利益的容纳所或者个人满足感和愿望表达的工具"（1992，233）。由于这种社会形式具有"可以辨别的显著特征"，它比那些不能被视为制度的短暂组织或活动的存在更加持久。因此，制度与其他人类组织形式的主要区别就在于，其寿命长短以及它们价值的重要性是完全不同的。正如塞尔兹尼克所说，"一个常规实践活动越稳定，其既得利益越牢固，具有利害关系的价值越多，它就越能够被看作是'一项制度'"（1992，233）。

28   安东尼·吉登斯（Anthony Giddens）强调时间和距离在制度变迁过程中的重要性。他的"结构化"（structuration）理论认为，富有知识的人类行动者的实践活动创造了社会系统的结构。只有那些具有"最大时间—空间延伸性"（the greatest time-

space extension）的实践活动（即那些长期存在，并在许多地方存在的实践活动）"才可以称之为制度"（1984，17）。对吉登斯来说，制度不是永恒不变的，也不会独立于人的意图和行动之外，它随着人们所做事情的变化而不断变化。

由此看来，制度并不是僵化的，不受人控制或超越环境变化影响的具体现实。相反，它们是许多人在长时期实践活动中进行选择的结果。如果这一点是正确的话，那么，我们对于制度就不会无计可施。一味地奉行制度，并且认为"我们必须完全像过去那样行事，因为这是制度"是完全没有意义的。我们能够选择改变我们与制度的关系，也可以选择改变制度本身。认识到改变的可能性并不会削弱制度对于人类活动的重要性，也不意味着生活在公共领域中的我们会表现出对过去的制度实践不屑一顾，或者对其他时代和其他地方人们在创建"制度"过程中积累的经验不闻不问。

把这一制度概念用于分析美国社区，我们便可以检视其组织或者其实践活动。例如，一个组织定义既可以包括所有地方政府的管辖区，也可以鉴别作为一种制度的组织类型（城市、县，特别管辖区）。人们的实践活动也可以被定义为制度。当然，地方警察服务是一项制度，提供地方街区服务也是一项制度。然而，当我们把特定的组织类型或者基于服务的实践活动界定为制度时，那么，介于两者之间的要求和问题就出现了，即我们应该如何看待那些不符合塞尔兹尼克-吉登斯的制度主义标准的组织或服务呢？地区公园和娱乐区是制度吗？地方动物管控或对餐馆的卫生检查等实践活动应该界定为制度吗？

将所有的地方组织和公共治理实践活动定义为"美国地方政府制度"是有意义 ²⁹ 的。这一定义既包含了大量的制度化的组织和实践活动，同时也包括了那些其本身通常不被视为是制度的组织和实践活动，但这些实践活动却是更为宽泛的地方政府制度。尽管本书的观点对于各种地方政府组织都适用，但是，这类研究通常都将关注的焦点放在城市而不是其他地方政府形式上，当然本书也不例外。经过了几个世纪的发展，城镇和城市折射出美国人的愿望，即他们聚在一起创造社区共同生活的愿景。因此，本书讨论的核心是"美国社区治理制度"，这也许可以看作是更大范围的地方政府制度的子集。

当你读到本章后面有关美国地方政府的发展道路和社区权力的性质时，也许你会想到第 1 章提及的社区治理原则（规模、民主、责任、理性）。那么，社区的历史以及地方政治、经济权力的特征对这些原则有着什么样的影响呢？

2.2　地方政府的独特发展道路

人们通常将美国社区的历史和结构与国家级政府的历史和结构混淆起来，认为它们是相同的。其实，它们之间在价值、发展阶段以及形成的结构上非常不同。本书讨论的第二个主题，即社区治理的历史对于 21 世纪社区塑造所具有的价值，也呈现了一些为多数美国人知之甚少的事件和问题。尽管初中和高中教给学生们有关

20

30 我们国家级政府的历史知识——虽然也只是以粗略的方式进行介绍——但是学校却很少传授有关地方政府的知识（Massialas 1990）。这是不幸的，因为这一层次的政府对美国人的生活曾经至关重要，而且今天依然十分重要。社区治理时代发生的种种事件可以帮助我们解释下述问题：我们今天身在何处，我们期望从地方政府得到何种服务，美国为什么会形成现在的政府结构，谁享有社区中最大的权力和控制力，我们希望公民、选任代议者和公共服务职业者扮演什么样的角色。

我们有很多方式可以划分社区治理制度的历史阶段。我选择了从殖民地时代开始，以世纪为分界线，将社区治理历史大致划分为四个时期。

精英控制时代

为了理解美国社区治理制度的历史发展过程，我们可以将制度变迁的历史划分为四个宽泛的时代，这一划分方式大致与各个世纪的分界线一致。各个历史时代的特征是累积性的，也就是说，随着时间的推移，一些新的特征不断出现在这些时代中。因此，我们虽然赋予每个历史时代一个名称，以体现特定时期社区治理制度的主要特征，但是，赋予名称仅仅反映了对社区治理制度某些性质的重要补充，而不是对早期制度特征的彻底变换或抛弃。

第一个时期，大约是在 17、18 世纪，可以称为精英控制时代。在殖民时期，许多美国城镇和城市的早期组织是在英国自治区模式的基础上建立的，该模式表现为由地方拥有土地所有权，获得君主特别授权的地方显贵组成自治组织。在美国殖民地，这种特权来自殖民统治者和立法团体的授予，有时也会由其撤销。早期奉行的这种英国**封闭式自治组织**（close corporation）惯例，规定地方名流可以获得特别授权并治理社区，同时，他们有权从他们这个社会等级中选择继任者。尽管这一惯例随着时间的推移而逐渐消失，但一部分新的殖民地自治组织却又继承了这一模式。同样，许多殖民地区的县政府也由委任的长官来治理，当然，不同地区在模式31 选择上存在着差异。例如，宾夕法尼亚就是由人民选举的委员们来管理县政府的（Martin 1993，5）。

虽然当时大部分社区没有采取封闭式自治组织形式，但其管理机构的领导者却通常由富有的公民来担当。格里菲思（Griffith）列举了 18 世纪中叶宾夕法尼亚的布里斯托尔（Bristol）自治区的例子来说明这种情况，在那里，最富有的十人中有五人是市议会的成员，占据市议会九名成员的多数。只有一名市议会成员的收入在社区基本收入的六分位线以下（Griffith 1938，1：189-190）。这种状况使得殖民地时期的美国社区存在着典型的对上流经济精英阶层的"普遍服从"（prevailing deference）现象，在那里，人们"对于社会分层结构的接受"是一种"正常的状态"（Griffith 1938，1：189）。

而新英格兰地方"契约型"（covenanted）社区的情形则有所不同。在那里，城镇（最初这个地区可能主要是一些农场而不是城市中心）的形成往往建立在人们对宗教行为标准普遍认同的基础之上。与那些由持有各种不同利益的个体组成的

"累积型"社区相比，契约型城镇"由这样一些个体组成，他们与上帝签订特别契约，彼此之间也签订契约……这种高度契约化的社区是新英格兰清教（New England Puritanism）独一无二的创造"（Smith 1966，6）。这种社区属于"基督教乌托邦式的封闭式自治组织"（Lockridge 1970/1985，16），它要求社区公民必须严格遵从与城镇创建者完全一致的原则。在马萨诸塞的戴德姆（Dedham），这些原则包括永久的爱，排斥"对立的思想"，调解城镇成员之间的不和，服从于城镇政策，后继管理者有义务永久遵从城镇等（Lockridge 1970/1985，4-7）。

　　尽管契约型社区与累积型社区的情况有所不同，但是这些契约型社区与其他那些社区一样，最初也是由精英来统治的，只不过契约型社区的精英是宗教领袖。与许多相似的城镇一样，在戴德姆，由于人口增长的压力、宗教的差异以及远方城市或边境地区经济发展的吸引力等因素，促使精英控制逐渐瓦解。到了 18 世纪，由城镇公民会议成员进行公开的政策辩论并集体做出决策的模式渐成趋势，逐步取代了行政管理委员会委员做出决策的模式，这种模式要求城镇领导者担任委员，并要求人们服从这种管理模式。随着时间的推移，城镇公民会议的成员通过任命特别委员会委员、调查行政管理委员的支出状况、核准税率等措施，渐渐掌握了社区的控制权（Lockridge 1970/1985，119-180）。 *32*

　　但是，即便是在城镇社区缓慢地从最初的"铁板一块式全体沉默"（monolithic corporate quietism）（Lockridge 1970/1985，136）向广泛的公民参与城镇管理转变的过程中，行政管理委员"仍然大部分来自城镇公民中最富有的那些人"，他们行使着相当大的城镇事务管理领导权（Lockridge 1970/1985，126）。事实上在 18 世纪，许多新英格兰社区中的政治一致性开始减弱，与此同时，根据财富进行分层的情况却在不断增加。尽管各个经济阶层的人分享着社区领导权，但是相对富有的人还是占据了支配地位。一方面，这是因为富有者更有能力从事城镇管理中那些大量没有酬劳并需要花费时间的志愿服务（Cook 1976，63-94）；另一方面，一致性和宗教遵从也是一个因素。朱克曼（Zuckerman）认为，18 世纪的新英格兰城镇表现了比较少的精英控制，甚至没有精英控制。尽管如此，他也写道：

　　　　当一个寻求和谐的社会为这样的民主做好准备时，广泛的参政权就很容易实现了。城镇中的大部分人被允许参加选举，这是因为许多人从一开始就根本不被允许进入城镇，而城镇中的人又大多具有相同的思想。的确，在这样的一致性下，扩大公民参与不再具有过去英格兰时代的危险性，反而成了力量的源泉。

民主时代

　　社区治理制度发展的第二个时代大约是在 19 世纪，我们可以称之为民主时代。 *33* 在这个时期里，"杰克逊式民主（Jacksonian Democracy）促成了一个高潮，这就是新一代刚刚获得政治权利的投票者的出现"（Morison 1965，423）。这一民主趋势延伸到了地方，在那里，杰克逊的"人民党（populistic）思想对城市政府建构产生了重要影响"（Adrian and Griffith 1976，2：178）。从18世纪末开始，为了适应民主化变革时代的到来，城市政府结构通常仿效新的国家级政府组织形式组建，即实行市议会与市长之间分权的模式，有时也采用两院制的立法团体模式。

19世纪，随着城市中心人口数量的不断增加以及公共服务管理的日益复杂，市议会开始采用委员会的形式来行使特别管理功能（如警察、街道等），委员会的成员为市议会成员。然而，委员会的管理负担通常过于沉重，这就导致了**董事会**（board）制度的出现，即由市议会在特定领域中委任富有知识或存在相关利益的公民组成监督团体。到了19世纪晚期，人们越来越意识到，庞大的立法团体与分散的管理责任带来了诸多问题，如无效率、缺少协调以及为各种形式的腐败（包括拿合同回扣、政治庇护和为取得某些政策结果直接向决策者支付金钱等）提供了机会（Griffith 1974，3：53-96）。

出于对行政管理效率目标的追求，有些人提出每一名市议会成员应对某一部门单独负责的主张，人们对此进行了一些尝试；到了20世纪初期，人们开始实施称之为**委员会制度**的模式，但在此之前，一些城市已经尝试着使用了这一制度，如1819年路易斯安那的纳智托切斯（Nachitoches）、1863年的萨克拉门托（Sacramento）、1870年的新奥尔良等（Adrian and Griffith 1976，2：161）。从19世纪80年代到19世纪末，城市政府结构朝着将行政权集中于一个选任官员（即市长）手中的方向发展，但并不是所有人都认为此举是明智的。弗兰克·古德诺（Frank Goodnow）在其1904年出版的《美国城市政府》（*City Government in the United States*）一书中指出，在全国范围内都出现了将行政权集于一人之手的趋势，无论是私人企业、教育组织还是政府部门。在古德诺看来，董事会制度才是将职业能力与公共责任进行最好结合的制度，但它却已被人们抛弃了（Goodnow 1904/1991，189-200）。

职业主义时代

20世纪的社区治理制度主要致力于创造和推行政府结构性改革，以限制政治恩赐、政党分赃和政治机器控制政府等现象的发生。其改革措施包括实施以削弱邻里（通常是种族）集团政治影响力为目的的地区普选和市议会—城市经理制度。后者借鉴了私营组织的模式，即实行职业化的总经理或首席执行官向董事会董事们负责（在公共部门中，则表现为向市议会或县委员会的委员们负责）的制度。在社区目标相对一致，且社区面对着一系列基础设施和财政方面的物质性和技术性问题的环境下，这些改革措施显得比较有效。而在需要不断调解或仲裁社区不同团体之间的利益纷争，或存在着严重的社会经济问题的社区里，这种企业化模式就不那么奏效了（Williams and Adrian 1963）。

20世纪走向职业主义的改革达到了预期的目标，它通过提高效率和经济效益，解决了高速发展中的城市地区存在的大量技术性问题。如今几乎一半的美国社区都采用了市议会—城市经理制度，但是已对最初的"纯"经理人制度进行了很多方面的改进，例如市长由直选产生，市议会成员的选举通常为地区性的。对职业主义的认同以及对基于功绩原则的雇佣和晋升制度的强化，既体现在城市的强市长政府结构中，也体现在县政府的组织形式中。但是，反对职业主义的主张始终存在着（Box 1993），这导致了混合型结构趋势的出现，即通过结构调整，使行政理性和政治回应性能够得到更好的融合，以实现更好的政治可接受性目标（Box 1995c）。19世纪末期和 20 世纪初期，强市长模式出现反弹，这正表现了人们对一味追求职业化城市经理制度的担忧，也表现了人们对政府作为真正"所有者"，而公民却无法成为控制政府力量的情况的忧虑（Blodgett 1944；Gurwitt 1993a）。

35

公民治理时代

目前，我们进入了一个新的时代，但是这一时代还处于初期阶段，其轮廓和未来的发展方向尚不清晰，因此，笔者对这一新时代的命名具有推测性。尽管如此，我们可以肯定的是，职业主义时代正在走向终结。虽然职业主义给社区治理带来的好处是明显的，但是改革者为消除 19 世纪存在的弊端所采取的措施似乎是太成功了，以至于走向了另一个极端，出现了过度官僚化和职业化的问题。现在到了改变的时候了，我们要回归到由非职业人员和公民拥有更大控制权的时代。

当代我们面对的挑战不是提高效率，而是要由居民选择和决定社区的愿景，这如同拉普和杜·波依斯（Lappe and Du Bois 1994）所说的"生活民主"（living democracy）。从概念上讲，这意味着要重新界定公民的角色，即从政府服务的被动消费者变为社区治理的主动参与者（参见第 3 章）。这一新的界定要求公民对自己社区的未来承担更大的责任。

向地方控制和公民自主治理价值的回归，对于公共行政实践有着重要的启示作用。如果我们将波及 20 世纪初期以来的改革浪潮比拟为海浪向下回落，即逐渐从职业主义向公民控制转变的话，那么"传统上"基于行政权力、控制和职位"合法性"的公共行政就将成为过去了。毫无疑问，我们也会听到反对的声音，这些声音抵制人们习以为常的模式的消亡，而在这种模式里，公共管理职业者基于日常工作规定来行事。但是看起来，这一模式必将成为过去。这就给公共服务职业者带来了严峻的问题，其中包括在政策制定中如何将期望的公民参与和可以接受的理性要求有机结合起来，怎样避免气愤的精英们的报复（这些人将公民和公开对话看作是对他们利益的严重威胁），如何防止职业主义力图消除的政党分赃制、政治恩赐和腐败等不正之风的反弹。

36

2.3　制度的遗产

我们对四个时代的社区治理制度已经有了一定了解。在 20 世纪之初，制度建设的重点在于提高效率、消除腐败恶行和杜绝政治恩赐，同时也为了解决城市化过程中出现的日益复杂的社会问题。那时，职业主义和行政集权取代了民主与政党政治（machine politics）之间放任自流的结合。在 20 世纪末，先前的地方主义和公民参与的治理理论再度复兴，因而，我们正处于一个变革的时代。

今天的变革重点是从集权的、以专家为基础的制度向分权的、以公民为中心的制度转变。正是由于前一阶段的改革取得了成功，这种转变才可能实现。如果我们今天还在为建立一个高效的社区政府而奋斗；如果街道上满是泥泞和污浊，而自来水和污水处理系统还残缺不全；如果地方行动仍受制于过度复杂的治理结构；如果行政权仍掌控在政党及其恩赐的雇员手中——那么，我们当前关于公民自主治理的讨论就变得无聊而愚蠢了。如果情况是那样的话，我们就会像一个世纪以前的改革者一样，致力于解决提供社区服务的一些基本问题。

因此，前一部分阐述的社区治理的四个时代的特征确实是累积性的。尽管这并不意味着我们会一直朝着更完美的未来前进，但是在这一过程中，我们积累了许多宝贵的经验，可以用来解决我们今天面对的问题。也就是说，尽管过去民主结构和民主进程取代了富有精英控制的时代，但是地方政府中依然存在着科层，管理依然由基于财富或政治权力的领导者掌控。尽管 20 世纪职业主义时代受到了诸多指责，例如将社区变得去政治化，为维护经济和物质发展的单一目标而压制其他不同意见的表达等，但是，这一时代仍然为公民参与地方事务提供了大量的机会。

21 世纪即将到来，社区治理制度作为一种强有力的工具，它随着社会主导价值的变化而变化，并从以往的变革中汲取了经验。几个世纪的实践给我们提供了很多经验，将它们归纳总结并不容易。尽管如此，我还是认为制度遗产中有两个重要的、根本性的问题对今天的意义非同寻常。第一个问题是地方政府的权限范围问题，它涉及地方政府应该提供何种服务。大部分人认为警察、消防、街道、自来水和污水处理等服务应由地方政府提供（尽管有时这样的基础性服务也由民营的居民协会提供，以作为政府供给的补充）。但是，在另外一些服务的提供上，人们则很难达成一致。这些服务包括开发会议中心或住宅工程，管理停车库、医院或高尔夫球场，提供急救、大规模运输或垃圾收集服务等，它们可以由私营部门提供，却通常由地方政府供给。在这些领域中，地方政府提供的服务既可以与私营部门提供的服务进行竞争，也可以将私营部门排斥在服务供给之外。这样的地方政府服务供给方式使我们反思：在美国地方政府中，公共部门与私营市场经济之间的关系究竟应采用何种模式才较为适宜？

地方政府的权限范围问题还包括地方政府对私营部门活动的管制程度。虽然我们通常认为，管制是国家环保署（the Environmental Protection Agency，EPA）或食品与药品管理局（the Food and Drug Administration，FDA）等国家级行政组织实施的人所共知的活动，但是，地方政府在很大范围上也管制着私营部门的活动，有时它们与州或国家机构共同进行管制。这类管制行为包括：建筑物、街道、公用事业设施的位置确定和建设；确定谁应为公共街道、污水和自来水系统等服务付费；在特定地区允许建设的商铺类型；餐馆等公共场所的安全和清洁卫生；标志物、公告板、景观、建筑物外表的外观要求；廉价住房的提供以及许多其他活动。不同社区对于这些活动的管制情况有所不同，有关应该管制哪些活动以及管制到何种程度的讨论，常常导致更激烈的争论以及地方政治和行政领导权的变化。集体的、政府的权威与私营的、个体的行为之间的关系是美国历史和社区治理制度历史的中心议题。人们对此有着强烈的感受，并常常在公共演讲场所为捍卫自己的观点而战。

在本书中，我没有过多探讨这些问题的本质，而将注意力集中于人们得出相关结论的过程。这就涉及制度遗产中的第二个问题，即组织结构的实践问题，或者说是如何组织地方政府的问题。在社区治理的发展历史中，人们往往通过组织政府的方式来表达他们的价值倾向。例如，人们对更多民主的期待，导致他们采用了多种多样的董事会和委员会制度；而基于选区的政党恩赐制度（ward-based patronage system）发展要求建立政党进行治理的制度；对效率的追求则导致了人们选择集权化的市议会—城市经理制度。

组织结构的实践历程一直在两个相反的价值之间徘徊：一方是公共回应性价值（包括分割的治理体系，政策制定过程中开放公民参与，组织由选任官员领导等）；另一方是行政理性价值（包括集权化的科学性—目的性体系，公民作为旁观者和服务的消费者，专家式决策等）。在两者之间寻求平衡的过程中也许会遭遇很多问题：一方面可能使社区处于无序、无效率甚至是腐败的状态中；另一方面也可能使社区陷入无情的效率、去政治化和官僚化之中。上述两个相反的价值构成了一个连续光谱，社区位于连续光谱上的何处则取决于社区所处的政治环境，而这一政治环境通常是由一个社区精英来支配的，有时表现为高度的组织化并难以渗透，有时则体现为围绕特定问题允许成员变动的松散组织。

由于社区的个性、经济环境、地理环境、政治历史、人口特点和其他因素等情况不同，因此，即使是具有相同结构的组织，也可能展现出完全不同的运行特点。从这个意义上说，组织结构并不代表一切。尽管如此，我们也不能否认人们坚信的一点，即组织结构及其相关的实践活动至关重要。在前面讨论的四个时代中，每一个时代都包含了一套有关地方政府适宜结构的思想。这些思想都构成了社区目标中核心的、充满动力的、生活化的一部分，居民们正以此为基础来建设他们理想的社区。在将结构形式作为表达社区目标一个途径的观念中，我们既可以找到社区实践中的共性要求，也可以发现有关社区治理制度的不同观点之争，这些争论集中于社区治理制度应如何改变才能适应第四个时代发展的新需要。

地方公共结构的共性要求表现在以下方面：使用公民选举的代表取代城镇会议（尽管在某些地方城镇会议仍具有生命力及良好的运作效果；参见 Elder 1992）；逐步转向直接选举市长制度（虽然作为"纯粹的"市议会—城市经理制度的一个特征，由管理当局选择市长的制度仍然沿用着）；重新引入地区性选举，或采用普选与地区性选举相结合的模式；对技术性的管理功能进行职业化管理；提供基础性的公共服务（虽然有时也采用租约外包或者特许经营的服务供给形式），其中包括公共安全、公共卫生管制，以及管理街道、自来水、污水处理、垃圾清理、排水系统

39

等公用或基础设施。

对组织结构的争议观点则主要围绕在下列问题上：公共服务职业者适宜的角色定位，强市长制度与市议会—城市经理制度之争，以及增强公民对政策制定的参与和控制程度等。有关公民参与的问题由于受到"代议民主"（loop democracy）[①] 思想的大力批评而备受瞩目，代议民主思想主张由选举出来的代议者而不是由公民自己来作决策（Fox and Miller 1995，15-17）。对代议民主模式的忧虑促使人们思考创新各种各样的公民参与方式，包括采用公民咨询委员会、董事会和监督政府管理

40 职能的委员会等制度，这使得公民可以直接影响行政管理过程，而不是仅仅通过选任官员来从事日常行政管理活动。

本书提出的基本假定前提是，只有社区居民能够获得有关社区政府权限和组织结构的信息，并能够在愿意时影响或决定这些问题，那样，民主原则才能够发挥作用。这就意味着，组织结构确实非常重要，因为它可以牵制或阻止那些希望决定自己社区未来的人们。例如，一个试图阻止公民自主决定的地方政府，其结构往往具有下列特征：采用会议或听证方式只用于告知公民正在发生什么，或给公民一个表达意见的机会，但却绝少赋予公民拥有真正富有意义的参与决策的机会；公民大会的时间安排不便利公民，会议议程和程序冗长烦琐；决策程序过于专业化，使得被选出来参与的代表几乎无法表达自己的独立想法，从而不得不听从于那些全职工作人员的意见；使用复杂的官僚体系，其规则众多，对公民所作的解释却少之又少。地方政府权限范围是一个重要的问题，但是本书研究的重点却放在如何构建一个开放的、富有弹性的结构和制度体系以保证公民能够自主决定地方政府的权责范围，以及未来的结构变迁问题。

这就是20世纪末社区治理制度的遗产。它要求我们关注下列问题：地方主义（倾向于由地方而不是州或国家来做出决策）；公民参与和自主决定（保证社区治理制度的开放性和易进入性，欢迎那些愿意参与的人们来参与治理）；职业体系的去神秘化；避免政治对日常行政事务的过度干预；精英团体只作为重要特征的政治环境；让人印象深刻的技术—职业化能力；对社区政府权责范围和结构的热烈讨论。现在让我们转而检视社区中的经济与政治力量，正是这些力量决定了社区治理的制度及其实践。

2.4 社区的权力

41   很显然，我们美国人对地方政府知之甚少。我们每天被电视和纸质媒体包围着，这些媒体不断报道着关于国家层次出现的问题和发生的事件；关注新闻和政治

---

① loop democracy 直译应为环形或循环民主，源自福克斯和米勒对代议制民主中存在的责任转移和责任代理现象进行的描述。在本书中，作者博克斯就以这个词语来表示"由民众选出的代议者代表民众作出决策"，而不是由公民直接参与决策的间接民主方式，类同于"代议制"结构，隐含了作者对这种民主形式能否适应公民治理时代要求的忧虑。根据原著作者的解释和上下文含义，本书将 loop democracy 译为"代议民主"。——译者注

的人们了解总统、议会、最高法院、国家政府机构以及华盛顿正在讨论的问题。但他们却极少关注州及地方政府活动的报道，而且即使人们看到或读到这些报道，他们也经常不了解事件发生的政治的、结构的和经济的背景。

尽管我们中的大部分人大致知道我们如何建立了一个三权分立的国家级政府，也多少了解这三种权力各指什么以及它们之间是如何相互"牵制与制衡"的，但这些知识可能缺乏必要的广度和深度。即使是公共行政专业的研究生也可能认为宪法的创设只不过是一件相当普通的事件，只是一群智者对已有政府组织共同做出的一些技术性变革（实际上并不是这样）；或者认为中央政府始终就是强有力的，而州政府仅仅是次级重要的、较低层次的行政管理分支组织（实际上也不是这样的）。

然而，对许多人来说，关于国家政府的知识虽然贫乏，却仍然超过了他们对地方政府的了解。地方政府是我们日常生活的背景，是能够对我们的物质和社会生活环境产生持续影响的唯一的一级政府。尽管如此，就是那些从事公共行政相关领域研究或者工作的人也常常不太了解有关地方政府结构和功能的基础知识。他们不知道，为什么有些城市由一个选任者（即市长）来担任首席行政官，而有些城市则由委任的官员（即城市经理）来做首席行政官（甚至很多人根本不知道官员是委任的还是选任的）；他们也不知道为什么许多县不采用上述两种形式的任何一种，而是代之以关系极其复杂的大量选任和委任官员。

因此，公民和公共服务职业者要想正确选择治理社区的方式，了解地方政府结构和形成过程的有关知识就是极为必要的。但仅有这些知识是不够的，这是因为它没有把社区看作一个整体。如果我们不理解我们的社区，不把握社区公民的社会经济特征、社区街道状况、住房状况和污水与自来水处理系统状况，不了解大部分公民对社区未来的期望及对政府在发展社区愿景方面所发挥作用的态度，那么，我们该怎样决定采用什么样的政府治理结构、向公民征收多高的税款以及提供何种社区服务呢？

前面讨论过的传统价值的第一条反映出人们一种日益强烈的期望，即由地方来控制社区的命运，这一点可由下列事实来证明：来自"更高"层级政府的命令和管制遭到地方的抵制；公民要求建立更开放的、更易进入的决策程序；同时人们要求"社群主义"的治理方式，它强调公民对地方公共事务管理负有责任。当然，公民中存在着这样一种情况，即他们总是采取反对地方政府的活动，总是抱怨而不是参与，或者抵制土地使用上的变化〔即称为"不要在我的后院"（not-in-my-back-yard，NIMBY）综合征〕。有些人将这些现象看作是公民疏离于政府的证据，但我们也许可以将此视为是公民参与的第一步：很多人只有在问题切实关系到自身利益而必须进行认真思考时，才会参与到社区治理中来。在参与过程中，他们开始理解地方政府的结构和地方法律，了解个人和集团利益的政治，了解他们需要为社区治理状况的改善做些什么。其中，公民中的一些人在特定的地方治理问题的讨论之后就不再参与社区治理了，但对另一些公民来说，在特定问题上的参与却成为其参与地方事务管理的转折点。

地方控制意味着由社区中的人们相对独立地决定社区的未来，向封闭的或精英式的政治体制施加外部压力并与之斗争，以走出一条基于广泛民主政治基础的社区治理道路。这听起来符合逻辑而且非常简单。人们希望决定自己社区的命运，不希望被国家政府、州政府或一些有权人物或特殊利益集团控制。但是，不管它是否符合逻辑，实现真正的地方控制并不容易，因为现实中存在着强大的反对公民自主决定的政治和经济力量。

我们在真空中讨论地方公共治理问题毫无意义，这就像职业人员和相关公民静静坐在会议室里，在不考虑社区具体情况下就制定公共政策一样毫无意义。各个社区的政治和经济环境的差别是如此之大，以至于我们很难有一条完美的途径来描述或理解社区环境。在罗伯特·沃斯特（Robert Waste）撰写的一部研究地方政府政策制定"生态学"的著作中，他（1989，7）列举了影响政策过程的十大社区特征，包括：社区的年龄、位置、管理当局的成长过程、政策类型、政策冲突的层次、改革活动、管制活动、外部因素、个性因素和地方政治文化等。

从上述十个方面去理解地方政府的运作将会使问题变得十分复杂。为此，我下面提出了一些有说服力的、相对简单的概念，这些概念是现有研究社区生活的众多概念中非常有用的一部分，我把它们概括成四个社区政策导向，这四个导向形成了公民和职业人员参与政策过程的环境。我叙述的重点放在那些能够广泛描述社区政治和经济性质的模型上。

浏览有关社区研究的著述，我们会发现，权力与政治通常是社区间争夺有限资源的主题，竞争的焦点是土地的买卖与开发。保罗·彼得森（Paul Peterson，1981）在其《城市的局限性》（City Limits）一书中指出，地方社区在影响社区成长和发展问题上只有十分有限的控制能力。这是因为，地方经济状况要受到地区、国家以及全球力量的影响，国家和州政府已经垄断了社会福利事务这一政策市场，因此，留给地方处理的就只有土地和建筑物的使用事务了。彼得森写道："城市政治首先是土地使用的政治，这很容易找到原因。土地是城市拥有最大控制权的生产要素"（1981，25）。为了既定时间内的经济增长，每个社区都在与其他社区竞争，因此地方领导者们感到有责任促进社区的发展，以此作为保证财产价值、职位、物质基础设施、教育体制发展的重要工具，而这些因素恰恰是刺激经济扩张所必需的。

在社区中，集团和个人之间存在着竞争，二者都试图将地方政府作为竞争中赢得优势的工具。社区生活有时是以共识、合作和渐变为特征的，但这只是例外情况而不是常态。在更多时候，社区环境是冲突性、竞争性的，充满着令人不安的变化。这种情况不应被视为消极或不正常的，而应被视为健康民主的标志。正如政治学家E. E. 沙特沙尼德（E. E. Schattschneider）所说：

> 没有什么东西能比战斗更快地吸引公众了，也没有什么东西具有如此的传染性。议会辩论、陪审团审判、城镇公民会议、政治运动、罢工、听证会都因具有斗争性而令人兴奋，它们都产生了人们几乎不可抗拒的、迷人的、激动人心的场面。所有政治的根基都是冲突。
>
> 自由社会的主要政治事实就是冲突具有惊人的传染能力。（1960/1975，1-2）

那么，有关社区政治性质的意识又是如何发展的，这种意识对地方治理意味着什么？公民是能够真正有意义地影响自己社区的命运，还是被其无法主宰的力量控制着呢？

2.5 有关社区领导的争论

几十年以来，围绕着社区领导的两种相反观点一直争论不休。有关城市权力结构的研究产生了不少里程碑式的著名论著，例如，20 世纪 50 年代早期弗洛伊德·亨特 (Floyd Hunter 1953) 对亚特兰大的研究，50 年代后期罗伯特·达尔 (Robert Dahl 1961) 对纽黑文的研究等。二战后到 70 年代期间，**精英主义**理论与**多元主义**理论之间的争论一直激烈地进行着。精英主义者与多元主义者采用了不同的研究假设和研究方法，其得出的结论自然不同。前者认为，社区应由相对有凝聚力的、封闭的社会经济阶层控制；而后者则认为，社区治理是以不断变化的并且要求参与的人民团体加入为特征的，人民团体参与社区特定政策问题上的决策，诸如教育或社区再开发项目等 (Waste 1986，13-25)。

到了 20 世纪 70 年代，这两种观点的争论变得有些徒劳无益了。精英主义和多元主义的倡导者都承认，社区居民中的一小部分参与了社区治理，而他们的主要分歧则在于，应由有凝聚力的、封闭的社会经济阶层还是应由分散的、参与的人民团体来掌握社区领导权。七八十年代，美国社区政治研究领域涌现出一些新的思想，这些思想是对已有研究成果的发展与创新。我们可以通过很多途径对社区政治研究的概念进行分类，例如，哈里根 (Harrigan) 将其分为五类，包括：新马克思主义 (Neo-Marxist) 及其结构方法；增长机器理论；保罗·彼得森的单一利益理论；克拉伦斯·斯通 (Clarence Stone) 的制度化权力与体制范式理论，以及多元主义者的反击等 (Harrigan 1989，191)。

巴克拉克和巴拉特兹 (Bachrach and Baratz，1962) 指出，地方精英将公民排斥在治理过程之外，即不让社区重要问题进入公开讨论程序。精英们可以通过控制公共讨论的议程做到这一点，从而使有关的重要问题的决策只能由精英集团内部秘密地做出；巴克拉克和巴拉特兹称之为"暗箱决策"。维巴和尼 (Verba and Nie 1972) 两人发展了"一致性" (concurrence) 概念，它指的是公民与社区领导人在公共问题上意见一致的程度。他们发现，社会经济地位较高的人对社区政治的参与也较多，社区领导也就能更多地回应他们。政治和经济精英在社区政策议程的形成上占有主导地位，这看起来具有直观的逻辑性，而且相关研究也支持了这种假设。

2.6 "城市局限性"

保罗·彼得森的《城市局限性》一书因为着重讨论了社区政治中的土地买卖与

开发区政策而受到人们的关注。彼得森认为，作为地方的决策者，他们在作出政策抉择时更侧重于三个广泛的领域：经济发展政策、再分配政策和配置政策（Peterson 1981，41-46）。经济发展政策主要关注促进社区经济增长的相关政策，具体途径包括社区的招商、扶植地方企业成长、改善地方公共服务。而改进诸如学校和基础设施等公共服务的目的在于，吸引那些需要一定基础设施才能运转，需要学校培养所需劳动力的企业。配置政策涉及警察、消防和垃圾收集等具有"管家"功能的政策。由于大部分社区提供这类服务，所以这些功能对社区间竞争的影响相对较小。

再分配政策则用以"帮助那些需要帮助的和不幸的人"（43），但它会减损增进社区经济健康发展这个总目标。这是因为，公共资源将被用来资助生产力水平较低的公民，而不是用于促进与其他社区竞争的社区经济发展。基于这个原因，彼得森认为"地方社区间的竞争几乎妨碍了人们对再分配政策的关注"（38）。再分配被看作是由那些"不仅没有产值而且会破坏城市经济状况"（43）的政策构成的。

在彼得森看来，当社区为了经济增长与相邻社区竞争从而成功地创造出新的财富时，社区中的每个人都会因此受益；企业家、业主和经理们可以获得更高的投资回报，从而有能力雇用更多的人并支付更高的报酬。依照这种逻辑，彼得森提出了"单一利益"（unitary interest）理论，其核心内容为，成功的统治集团对每个人都是有益的，因此所有社区居民都认同这个共同的目标（利益）。

读者可能注意到，彼得森的理论与美国国家政治中有关"滴渗经济学"（trickle-down economics）政策的争战存在相似之处。彼得森的单一利益概念和"滴渗"（供给方）经济政策非常相似。这二者都假设，让每个人境况都变好的途径就是给予企业家和资本家更多的金钱，这样他们就可以通过投资新企业、增加生产设备和提供工作培训等方式创造就业岗位。因此，减少社会福利支出以降低对富有者所征税额，从理论上讲对所有人经济状况的改善都是有利的。至于这一思想在国家层次是否依然适用，则需要读者做出个人判断。关键问题在于，彼得森的单一利益理论受到了与"滴渗"经济政策相同的批评，尤其是在这一立论可能导致贫者愈贫富者愈富状况的时候。

此外，彼得森的理论还受到了如下批评，即它过于绝对化和机械化，以至于不能准确地反映地方政策制定过程的真实状况。罗伯特·沃斯特（Robert Waste 1993）指出，社区有时确实实行了再分配政策，对于某个城市的居民来说，这类政策可能是将财富不适当地从富有者那里转移给了贫穷者，例如用校车接送孩子，以使社会经济地位较低的学生接受更好的教育，对于那些谋求高技能发展和劳动力市场繁荣的社区来说，这样的政策则有利于社区发展。地方政治具有多样性和复杂性特征，因此，我们很难预测社区居民对政策问题的反应。正如沃斯特认为的，这是"地方情况、地方行动者、地方政策制定者或企业家的事务"（452）。

2.7　增长机器

在 20 世纪七八十年代出现的各种社区政治理论中，我发现了哈维·莫洛奇（Harvey Molotch）1976 年提出的**增长机器模型**（growth machine）。后来这一模型又由莫洛奇和约翰·洛根（Molotch and John Logan 1987）进一步详尽化和精致化，很适合说明当今地方政府的现实。这个模型融合了市场力量、精英理论、地方经济中土地的重要性以及暗箱决策的影响等思想，它超越了仅仅用精英理论和多元 48 理论来描述领导集团成员的作用，以此说明社区政治的潜在运行机制。

莫洛奇的理论建立在土地作为地方政治和经济的主导因素这一思想之上。其基本假设是，社区治理的重要人物就是那些在土地使用、开发和买卖的回报率变化中得失最大的人。这些人包括与土地直接相关的人，如土地所有者、地方实业家、由地方所有的财团的投资者、律师、房地产经纪人等，还有那些依靠增长来提高自己经济福利的人（Molotch 1976，314）。**增长**就意味着对空置土地的开发或者对已利用土地的改进和再开发。尽管不是每个社区都有大量可供开发的空地，但是，人们还是可以采取多种不同形式从土地的所有和使用中盈利。

通过像商会（Chamber of Commerce）这样的自愿组织以及它们影响地方政府活动的努力，社区的重要人物创造出了一个"我们—感觉"（we-feeling of）的社区。他们利用体育运动队和各种社区事件向居民灌输关于促进"地方'进步'的公民沙文主义精神"（Molotch 1976，315）。正是持有这样观点和决策导向的社区领导者决定了城市的发展方向，而且"对那些与城市休戚相关的人来说，城市就是一部增长的机器"（Molotch 1976，310）。

在此模型的发展中，莫洛奇采用了相对极端的、单一因果关系的分析立场，来讨论受市场驱动的、妄图从土地使用中获利的个人动机与社区领导性质之间的相互关联问题。这个模型假设："那些梦想、计划并且自我组织起来从地产中获利的人们，是城市这个地方资本积累的代理人"（Logan and Molotch 1987，12）。由于经济活动形塑了社区政治，所以莫洛奇发现，"那些有组织地影响地方分配结果的努 49 力构成了地方政府的实质，成为政治力量的动力"（Molotch 1976，313）。这一模型更多关注的是城市政治的潜在经济动力，而较少关注下列结构性问题，即社区领导究竟是由有凝聚力的精英集团组成，还是由可变的、基于特定政策议题组成的政治联盟构成。想从土地中获利的期望在地方层次普遍存在，这正是地方特殊人士或团体利用地方政府的财政和管制权力为自己谋利的动机所在。财政权包括征税管理的权力和基础设施建设的债券发行权，而规划和区划管制权则用来向某些人提供好处而将其他人排除在外（Burns 1994，54-57）。

即便是在增长机器模型发挥作用的社区中，也必然存在着这个目标的支持者和反对者。莫洛奇的模型是一种精英模型，因为它阐述了从增长机器中获利的人与利益受损者之间的巨大利益反差。洛根和莫洛奇比较了**交换**价值和**使用**价值（1987，

17-49）的概念，这与下一部分将讨论的威廉和阿德里安（William and Adrian）对工作环境和生活环境的区分非常相似。**交换价值**是市场中体现的价值，是那些将土地作为首要赚钱工具的人所追求的价值。而**使用价值**则是那些利用土地为自己及其家庭创造宁静而令人愉快的生活环境的人所追求的价值。

这两种不同的利益追求自然会产生冲突，因为追求生活空间的价值会限制那些希望将土地用作商业用途的人，而市场价值又会威胁到生活环境。为此，那些主持增长机器的人试图通过影响决策者，或将与增长相关的关键问题排除在公共议程之外（暗箱决策）的方式，来控制社区决策议程。当公众视野被体育运动队和其他社区事件占据时，那些决策者和从增长中获利的人们正举行着"关于自来水和污水处理、桥梁建设的代理权以及工业发展债券代理机构等问题的暗箱会议"（Logan and
50 Molotch 1987，64）。由于这类会议确实索然无味，而且决策过程通常持续数月甚至几年，因此，除了那些直接相关者之外，极少有公众参与，媒体也几乎不予关注。

只有决策到了重要关头，至少是直接影响到了公众自身利益时，社区居民才会参加此类会议。有时人们会组织起来抵制增长机器，尽管他们常常很难长期坚持。而有些地方对增长机器的抵制是持久和高度组织化的，人们联合起来保护邻里免受开发带来的破坏，地方商人抵制那些可能会损害他们经营的商业性或工业性开发，而富有的郊区抵制可能降低其财产增值的社区开发，诸如大学城等特定类型的城镇往往高度追求生活环境，其公民群体也充分表达这一需求。

尽管如此，增长机器模型的潜在含义，即人们天生地希望从土地的使用中获利，依然意味着公民反对增长机器发展模式的过程将变得十分艰难，需要付出不懈的努力。对于公共服务职业者来说，增长机器的普遍化给他们的行为设定了清晰的约束，因为"增长机器精英"控制了社区的政治权力，进而可以影响到职业者的雇用和留任，而这又决定了职业者的职业生涯状况。

近些年来，许多研究者对增长机器假设的一些方面做了进一步研究。例如，他们发现，增长机器精英们利用艺术和文化组织增加了其财产的市场吸引力（Whitt and Lammers 1991）。增长机器现象既出现在诸如密歇根的弗林特（Flint）等传统的工业城市（Lord and Price，1992），也存在于新近高速发展的地方。同时，亲增长的"企业家"和反增长的"企业家"也许都会出现，他们要么要求促进社区的增长，要么抵抗社区的增长（Schneider and Teske 1993a；1993b）。虽然我们在看待彼得森的理论时，需要考虑其他的政治和经济因素，但看起来，增长机器模式确实是塑造社区治理环境的强大力量。

2.8 "四种城市"

51 另一种分析社区状况的途径是考察居民对社区政府在地方事务中应起作用的看法和选择。奥利弗·威廉斯和查尔斯·阿德里安（Oliver Williams and Charles

Adrian）在他们 1963 年所著的《四种城市：政策制定的比较研究》（*Four Cities：A Study in Comparative Policy Making*）一书中，提出了社区的四种基本方向：第一类社区是政府主要关注经济增长的发展型社区。**扩张型**（promotion）社区设定的这个目标被"投机性希望"（23）和对人口及财富增长的期望所驱动。在这类社区中，"商人、供应商、银行家、编辑和城市官僚都把每个新公民看作是潜在的顾客、纳税人或企业扩大的贡献者，他们构成为城市发展推动者的第一阶层"（24）。

第二类社区是指那些政府将提供和保障居民生活设定为主要目标的舒适型社区，其主要关注点在于"家庭环境而不是工作环境"（25）。在这类社区中，增长常被认为是对生活环境的威胁。它们强调生活环境价值而反对工作环境价值，而其代价是昂贵的，因为在这样的环境中，丧失的不仅是居民的经济机会，还有富有吸引力的物质设施的提供。**舒适型**（amenities）社区倾向于拥有同质性的人群，也就是说，社区居民在社会经济地位上高度一致，而且他们对特定社区类型的追求也非常一致，这使得社区目标可以达成并不断维持。此类社区的典型特征是，当人们希望逃离中心城市存在的种种问题时，他们会迁入这种小康式的市郊地区，这与城市中私自发展起来的规划过的居民社区是一样的。

威廉斯和阿德里安界定的第三类社区是指，地方政府的主要目标在于维持传统服务形式的社区。这类**看守型**（caretaker）社区的居民希望保持低税率，要求将土地的规划、开发、使用最小化，限制政府使用私有财产，遵从"个人自由和自力更生"（27）的价值，地方政府只提供基本的、必不可少的服务。这种自由放任式的地方政府会把社区避免处理的问题留给州或国家级政府来处理。

52

第四类社区指的是高度多样化的社区，在那里，存在有许许多多、形形色色的利益集团，他们为政治利益而相互竞争。这类社区政府的功能是作为各个竞争团体之间的**仲裁者**（arbiter）而存在。在这种超多元主义的环境中，社区遵循的最高价值就是政治回应性。

威廉斯和阿德里安发现，扩张型社区和舒适型社区具有目标"单一"、共识广泛的性质。在这些地区里，强市长制或市议会—城市经理制等权力集中、职业化的结构模式运转良好。但在仲裁型社区和看守型社区中，却存在着多元化的利益，因此采用权力分散的分权化结构比较适宜，诸如弱市长制或选区选举市议会成员制等（29-31）。

威廉斯和阿德里安对社区的分类方法与晚些时候克拉伦斯·斯通所做的研究十分类似。斯通（1993）也提出了一套将社区划分为四种类型的分类方法。第一类是**维持型制度**（maintenance regime）（类似于威廉斯和阿德里安的看守型社区）。此类社区维持传统状态，极少引入变革。第二类是**发展型制度**（development regime）。它"主要通过改变土地的使用，来促进地方增长或者抑制经济衰落"（18），这很像扩张型社区。第三类是**中产阶级进步主义制度**（middle-class progressive regime），其关注的重点在于"环境保护、历史保护、可负担的住房、艺术品的质量、反歧视的弱势群体保护和为实现各种社会目的建立的联合基金"（19），这与舒适型社区相类似。斯通的第四类社区是**扩大下层社会机会的制度**（the regime devoted to lower-class opportunity expansion），它通过"丰富多样的教育和职业培训、改进运输道路、扩大掌握企业和家庭所有权的机会"等方式来扩大下层社会的机会和权利（20）。尽管符合上述界定的情况在特定时间和地点曾经出现过，但斯通仍把第四种社区看作"在很大程度上是假设性的"，这与威廉斯和阿德里安提出的存在许多竞争性利益的仲裁型社区不同，因为仲裁型社区并不特别强调扩大下层社会阶层的机会这一特定的政策取向。

53　　　我们也许可以深化威廉斯和阿德里安的研究，进一步思考不同社区是如何看待职业化的行政管理的。在扩张型和舒适型社区中，许多人拥有相同的目标，他们希望政府在社区生活中发挥积极的作用，因此职业主义在这里可能受到推崇。但在希望限制政府作用的看守型社区以及需要政治技巧的仲裁型社区中，专业技能可能只在政策执行的技术过程中被看重，而在政策制定的过程中则不被接受。因此，我们可以预期，扩张型和舒适型社区会更依赖具有创造和革新精神的公共行政人员，而看守型和仲裁型社区政府会更多地介入行政执行事务，但他们的行政裁量权却受到很大的限制。

　　扩张型社区可能会强化行政管理的取向，以适应社区的高速扩张，满足开发者和商业人士的需要，促进社区向期望的"市场化"方向发展。这类社区的居民希望公共服务职业者促进革新、活力和变化，尽管每一个社区都与众不同。在这样的社区中，其行政哲学包含着一种愿望，即应发现一条能够使人们从土地投机和开发中获利的途径，这是因为，这样一种政治环境可能无法接受将艺术或环境保护置于扩张和经济发展之上的行政行为。当政治领导者认为行政官员的行为阻碍了社区经济发展时，他们就会采取行动，削弱行政官员的裁量权或将决策权交给更高层级的领导，例如从部门领导那里转移到市长或城市经理手中。

　　在舒适型社区中，对于那些提供与社区发展相关的服务的职业者，人们期望他们富有相关服务的经验。这些服务领域包括建筑评估、历史保护、要求开发商承担基础设施建设成本的最大部分、通过规制保护居住环境免受噪声、交通、土地商业化和工业化使用的干扰。由于强调居民居住环境的舒适性，在舒适型社区中，负责

54　公园和娱乐事务的职业者可能热衷于提供有吸引力的开放场所。警察部门的工作重点可能放在保护居民区不受无序和犯罪的侵扰，而这种侵扰常常被认为是由外来者造成的。

　　看守型社区的公共服务职业者将精力集中于如何降低成本，他们力图寻找用更少的资源做同样多事情的途径。人们期望职业者支持有限政府概念，支持行政官员自由裁量权限度的观念，主张尽量少地进行变化和革新，除非变革不会花费太多金钱。在这类社区里，职业者的项目或政策开发技能可能并不受到重视，而那些能够保证事情静静地、有规律地发展的行政官员则可会受到褒奖。

　　在超多元主义的仲裁型社区中，其政治环境可能迫使行政官员意识到，由于存在着多种不同利益的广泛竞争，所以，大部分重要决策或行动都会冒犯某些人。公共服务职业者可能需要仔细辨别他或她的动机与目标，因为公众对行政行为的期望

及潜在反应经常难以预测，而且常常发生变化。职业者技术的、专业的技能被看重，而他们的人际交往能力和冲突解决能力同样是非常重要的。

当然，我们将这种概括性的分类运用到特定社区时，要特别谨慎。威廉斯和阿德里安对四类社区的大致描述，可能并不能解释一些社区间的重要差异。例如，尽管我们可能认为看守型社区应由选任官员来管理，这些人职业和管理能力较低，但在特定的看守型社区却存在着以下事实，即选任的领导者非常看重职业能力和行政效率，同时却持有限制政府规模和干预的价值观。扩张型社区的领导者通常致力于将投机者和开发者的利润最大化，而不是考虑艺术审美和环境对社区发展的影响。但是，他们也可能将增长的热情与对舒适性的关注有机结合起来。

在这个研究模型中，对社区的关注点通常集中在两个问题上：一是社区的未来；二是政府在塑造社区未来中所起的作用。地方政府中有大量的行政官员帮助选任官制定关于社区未来和政府作用的决策，这些人包括城市或县经理、行政官员及其助手（在那些存在城市或县经理、行政官员的地方），还包括部门领导及其下属，以及负责财政管理、规划、公共事务（"公共事务"涵盖了许多功能领域，如自来水、污水、街道、机场，有时还包括天然气或电力服务、公共建筑物）、公园、人道服务、警察、消防与其他领域的职业人员。55

学区往往要面对下列问题：它们应盖新建筑还是改造旧建筑，在哪些地方扩大支出或在哪些地方节约支出，如何回应家长们要求掌管更大控制权和将学校私有化的呼声。本书的讨论中并没有明确地涉及学校，这是因为，在行政上的学区建制通常与地方政府（城市和县）总体建构目标不一致，学区是作为单一目标的特殊领域而被组织起来的。但是，本书中讨论的概念也适用于学区以及其他所有具有特殊目标的区域（例如，处理空气和水质量区域、图书馆、公园与娱乐设施、大宗运输、动物控制等）。

尽管我们必须谨慎地运用上述概括，尽管在特定情况下一般性的概念被证明并不准确，但是有一点是明确的，即社区在发展导向上确实存在着重要而明显的差异。对于直接参与关于社区未来和政府对社区所起作用的讨论的公民和行政人员来说，威廉斯和阿德里安所描述的社区类型，对于他们寻找处理不同类型社区事务的途径无疑有很大帮助。

2.9　不断回应社区政治：案例研究

莫洛奇和彼得森的分类模型遭到了批评。批评者认为，他们的模型建立在一个单一的思路上，这就是社区居民为回应经济增长的压力，使用社区土地，从而使个人的（莫洛奇模型）或总体的（彼得森模型）财富被最大化了。尽管这一批判具有潜在的毁灭性，但是增长机器模型和单一利益模型确实告诉我们很多有关社区政治和权力运作方面的知识。56

威廉斯和阿德里安（以及斯通）对社区价值进行分类研究的优点在于，他们的研究建立在比较地方政府奉行的根本哲学观的基础之上。按照他们的分类思路，地方决策者并不是受单一问题驱动的，相反，决策是由设计、建设某种特定社区类型的总体导向所驱动，这种导向是社区居民特性以及居民互动长期发展的结果。有些地方比较重视经济增长，有些地方则重视平衡各种政治利益之间的竞争等。

这些模型并不一定就是相互矛盾的。它们提供了人们认识社区政治的不同视角，即不同城市之间以及同一城市在不同时期的政治状况是不同的。1990 年，经过俄勒冈两个城市的研究项目之后，我发现这一点是正确的。像莫洛奇和彼得森模型描述的那样，在这两个社区中，土地使用都是最重要的问题，然而它们也都符合威廉斯和阿德里安分类所陈述的特征。这两个城市在地理上只相距 10 英里，但是在社区政策导向上却相去甚远。A 市是本区域中最大的，有 50 000 人口，是县的商业和政治中心。B 市有 16 000 人口，旅游业、艺术和高等教育比较发达。在研究时期内，两个社区都面临着实质性的增长压力，而此时正是富裕的加州居民和其他人为逃避中心城市而纷纷迁入俄勒冈州的时期。与加州相比，俄勒冈的土地和住房价格很低，新居民的涌入带来了房地产的繁荣，这使得土地价格大幅度上涨，从而使许多在本地长期居住的居民无力负担财产税或购买住房。在我对 B 市进行实地考察的头一年，其可评估财产价格上涨了 25%。

57　　　在 A 市，回应增长的要求一直持续了 15 年，即使有时其增长速度有所放缓。在公民大会和竞选市长运动中，明显存在着将增长看作好事情的思维模式。该思路认为，增长是改善每个人生活水平以及提供工作岗位的最好途径。市政府官员也意识到了公众要求控制增长以创造相对舒适的生活环境的需要，但他们认为，这种需要可以通过城市基础设施的建设、改造而得到有效满足。即便如此，有一点是始终明确的，那就是，公民或职业者会提出一个令人不舒服的问题，即谁从经济增长中得到了好处，谁又为此付出了代价。这一想法被认为是需要克服的阻碍，在任何可能的情况下，经济增长观念都应受到鼓励。

而同期内 B 市发展情况却大不相同。从 20 世纪 70 年代到 80 年代早期，相对保守的商业人士控制了那些影响土地使用政策的公共讨论。他们主张采用与 A 市相同的方式来引导开发。情况是，尽管到了 20 世纪 70 年代末，市议会的大部分成员认为应采取更谨慎和限制性的政策来对待增长，但到了 20 世纪 80 年代中期，政策过程开始由更年轻的领导团体来主导。虽然这个团体中的许多人同时也是商业社群的成员，但他们中的大部分人更关注社区在以发展求变化的压力下应如何保持自身的特色。到了 1990 年我进行实地考察的时候，对增长的抵制不仅成为社区的主导价值，而且市议会和规划委员会作出公开、明确的宣称，由市场过程来决定大部分地方增长类型和程度的价值已经不再构成该市的决定性因素。相反，作出社区增长决定时，必须优先考虑增长对生活环境美感的影响。

反观我研究期间社区内发生的种种事情，我开始意识到，人们对增长压力的回应就像一个连续的光谱。按照威廉斯和阿德里安的分类方法，A 市是，而且在整个研究时期一直是扩张型城市。B 市曾经是看守型和扩张型社区的混合体，它欢迎增长，却努力将税率和政府服务降到最低，后来它变为了舒适型社区。金和哈里斯

(King and Harris) 进行了一项有意思的研究 (1989)，他们考察了纽约和佛蒙特乡村地区的城镇，了解了社区规划委员会的人们对增长问题的态度。他们发现，面对着增长压力，城镇委员会希望通过"严格遵守法律和适宜的土地地图 (land suitability maps) 而制定的分区规划"(186) 来控制和抑制增长的压力。在那些增长缓慢的地区，委员会鼓励任何潜在的开发，并批准几乎所有的项目申请。这种特征符合研究期内的 B 市的情况。但当增长缓慢时，亲增长的派系就会取得控制权；而进入后来高速增长时，人们的态度则又转向对增长的强烈抵制。

但是，这种转变并非瞬间发生，促成其转变的原因很复杂，并不仅仅是外部增长压力作用的结果。20 世纪 70 年代末到 80 年代初的几年间，亲增长的派系仍然占据着主导地位，虽然他们在市议会中不再占有多数席位，而且增长压力也在不断增加。规划委员会明显代表着亲增长者的立场，而那些与政策结果存在着经济利害关系的商业人士也持亲增长观念，他们常常就社区发展问题对地方决策者施加影响力。由于 70 年代中期经济不景气，所以亲增长的人们没有意识到，如果促进城市增长的观念也包含着对环境的关注和敏感性，那么，在保护财产增值需求和维持强劲增长率的同时，财产的价值也会攀升，这样，地方在财政上会获益更多。

到 20 世纪 80 年代，这个具有"保守性的"集团基本上被新的群体取代。新生代的决策者中有些人是该地区的长期居民（尽管相对年轻，只有三四十岁），有些人则是近些年迁入这个地区的居民。这些新来的移民从大城市地区搬到了南部，他们通常是**吊桥** (drawbridge) 观点的倡导者，这个观点以隐喻的方式表明，他们来到这个地区，喜欢这里的生活环境，他们希望通过拉起吊桥来阻止其他人以同样的方式进入社区。在对几个发展提案展开讨论和 1988 年关键性的市长竞选过程中，这个新生代派别力主抛弃将市场作为增长决策制定的指示器的观念，反对以此来控制公共政策过程。因此，B 市从积极增长扩张取向转变为抵制增长取向历经了十几年。尽管外部压力也为转变提供了舞台，但是低速增长的支持者们要想获得支持，并接管市长之职以及在规划委员会中安插自己的人，却需要一定的时间。市长竞选是个重要的过程，在这个过程中，每个人开始清晰地意识到，社区中已形成了反增长情绪，它逐渐具有了政治成熟性，并且逐步支配了公共政策过程。

对这两个城市的发展状况进行思考，我发现，我们似乎可以把人们对增长问题的反应描绘成一个连续谱，连续谱的一端是支配型增长机器 (dominant growth machine)，另一端则是弱增长型机器 (weak growth machine)。A 市具有非常强大的，几乎占有统治地位的增长机器。虽然有些人质疑不受限制的增长政策的可取性，但是这些人数量很少，而且相当分散。同时，特定的开发项目有时会受到附近居民的反对，但是发展计划在政治场所通常畅行无阻。B 市经历了从支持增长向抵制增长转变所出现的一定时期的混乱和冲突。在我实地考察期间，B 市的市长、市议会和城市规划委员会的政策导向都是关注环境，因此看起来，增长机器在 B 市实际并不存在。

在以支配型增长机器和弱增长机器为相反两极的连续谱上，有些社区对增长的态度介于两极之间。那些由支配型增长机器完全控制整个治理过程的思想，与威廉

59

斯和阿德里安提出的扩张型社区十分相似，也符合彼得森单一利益城市理论的阐述，但是，它却不符合莫洛奇对于增长机器的描述。按照莫洛奇的理论，增长机器思想努力使人们确信增长期望的价值，并且以中心城市的火箭式发展来分散人们的注意力，从而达到悄悄地、不受阻碍地做出关键性决策的目的。在莫洛奇描述的社区中，增长机器富有活力，但并不占支配地位，因此，它居于从支配到弱增长机器连续谱的中间部分，可以被称为**强**增长机器型社区（strong growth machine community）。

60 　　上述这些有关社区的论述确实就是对地方公共观点的描述。一个"社区"不可能变成同时兼有支配、强或弱增长机器的地方。在我们研究并理解了某地居民对增长的态度后，我们就可以对这些公共观点进行综合评价，然后将该社区放置在连续谱的某个位置上。被置于连续谱上的并不是这个社区本身，否则，社区就会像是一个具有某种特征但却游离于居民态度的组织。相反，被置于连续谱上的恰恰是绝大部分居民对社区未来即将发生事情的期望，而这些观点是居民们根据他们过去的个人经验和对社区目前事态的观察形成的。

　　20世纪80年代，B市经历了一个政治冲突阶段，那时它从一个看起来像是强增长机器的社区类型转变为弱增长机器类型。在这个冲突阶段，社区公众对增长的看法存在分歧，而相互对立的集团之间又达成了某种平衡。逻辑上，我们可以将这样的社区归为**冲突**类型，存在于弱社区与强社区之间的连续谱上。人们对增长问题持有无数种可能的观点，这些观点均居于弱、冲突、强化和支配的类型之间。与其让那些不在少数的、虽使人感兴趣却没多少重要性的中介观点搞乱模型，还不如突出那些有助于我们正确理解社区之间或同一社区不同时期之间特征差异的公共观点。支配型和弱型增长机器是关于社区土地使用的极端政策，强增长机器模式是莫洛奇阐述的类型，而介于强与弱增长模式之间的冲突类型，则表现了社区中正发生着激励辩论，这一辩论涉及社区的未来发展前景。其结果是对莫洛奇增长机器模型的全方位"扩展"。

　　增长机器现象既可以发生在那些还有可利用自然土地的社区，也可以发生在那些虽没有空地但可通过买卖、再开发或增加开发力度以促进增长的社区。同时，人
61 们对增长所持的积极态度并不仅仅出现在正处于增长之中的社区。事实上，一些研究表明，那些没有增长压力的社区，往往比正经历增长的社区更支持增长（Anglin 1990；King and Harris 1989）。如果这种状况是真的，那么，我们就有充分理由说明，为什么那些经济萧条、人口减少的社区却存在着强烈支持增长的政治环境。这一点显而易见，因为当经济不景气时，人们就开始关注社区经济增长；而当社区变化的速度和数量明显影响了生活环境时，人们就开始担心自己的生活环境。所以，增长机器对社区政治和行政的影响重大，即便在那些看起来与经济环境无关的领域也是如此。处于经济衰退时期的社区可能恰恰由那些支持增长机器的人来统治。

　　任何社区都会面临许多看起来与增长不存在直接关系的问题，例如如何处理种族平等问题，是应小幅增加还是大幅增加用于公共雇员的年度预算，或者是否应建设新的公园。但是此类问题的解决确实受到社区经济状况的影响。经济状况良好的

社区也许有能力要求开发者从其开发的项目中提供一些廉价住房，可以在城镇少数民族聚集地区实行小额商业贷款计划，也可以通过雄心勃勃的招募规划和高工资来吸引高素质的雇员，还有能力改善公园环境，提高公共场所的舒适性。

如果莫洛奇关于土地市场与地方政治之间存在联系的理论是正确的，那么，对于公民和行政官员而言，公众对发展问题的态度就非常重要了。从长远的观点看，土地使用和经济发展的实质会对社区面对的需求和挑战产生重大的影响。那么，究竟由谁来承担发展的代价，以及如何管制私人部门的活动？诸如此类的政策选择与社区居民和政府的价值取向有很大关系。而这样的选择恰恰影响着公民和职业行政管理者制定政策以及执行政策的日常工作环境。

2.10　社区的政策导向

在本章中，我们审视了美国社区的发展历史，从早期的治理形式一直到今天寻 *62* 求更大的公民自主权。我们发现，社区精英经常利用地方政府的权力，也就是他们通过提供基础设施和控制土地使用的权力来为自己谋利。人们非常关注这种做法究竟是有利于社区中的每一个人，还是将财富从贫困者那里转移到富人手中，并以损失社区审美价值为代价来追求最大化的市场价值，而这些审美价值正是社区所需的生活空间。

在美国社区中，与民众利益密切关联的政策议题范围十分广泛。当然，在这里我们无意讨论那些实质性共同问题的内容，也不想讨论解决这些问题的途径。但是，我们必须同等地重视所有地方利益及其政策议题，即我们要关注那些促进公民治理社区的问题，而不仅仅关注一个社区政策议程中特定的实质性问题。简言之，我们更加关心公民参与的可进入性及其过程，而把诸如经济发展、种族、收入再分配和如何为街道、公园与学校提供资金及其他一系列问题，留给各个地方的政策对话过程来处理。

尽管实质性的社区问题具有复杂性，但我们还是可以从中提炼出一些反映社区生活特征的要点，这些要点会对公民和公共职业者制定公共政策的能力产生最大影响。我们已经看到，社区的未来愿景及地方政府对社区未来发挥的作用造就了多种多样的政治环境。尽管一个特定社区很可能是一个混合体，并不是威廉斯和阿德里安提出的四种社区导向中单纯的某一种，也不是"扩展式"增长机器分类法中人们对增长机器四种反应类型中的某一种，然而，各地在政治环境上确实存在着很大的差异。社区居民和领导者对公民如何参与决策过程以及行政管理职业者应扮演何种 *63* 角色的期望，构成了社区政治环境的重要特征。

在倡导支配型或强大型增长机器的社区中，公民或职业者采取行动来影响有关土地和经济状况的政策的情形，恰恰类似于威廉斯和阿德里安描述的扩张型城市。只要这些行动增加地方精英的经济收益，革新就有很大的灵活性和空间。在冲突型社区中存在着各种关于社区未来的观点，这为公民的潜在行动提供了更广阔的场所。冲突型社区的公共职业者也许会发现，由于社区观点存在重大分歧，所以，要在特定问题上坚持某种立场而又避免个人或团体间的不和是件困难的事。矛盾的是，不能表达职业的观点或政策制定中的失败也可能产生不良的公众反应。在这样的政治环境下，我们就可以理解为什么有些公共职业者会选择视而不见，以避免争端的做法。

在弱增长机器社区中，公民和公共服务职业者的形象就像是支配型或强增长机器社区中公民与职业者的镜中形象。他们拥有足够的创新裁量权，但是他们更愿遵从保护和改善生活环境的价值，而不是追逐社区的商业性价值。

在某种程度上，上述观点准确地折射了社区政治，由此可见，公民或公共职业者的行动是否成功，就取决于人们对经济扩张和土地使用的态度。这与有关威廉斯和阿德里安对社区未来和政府对塑造社区未来的作用的看法没什么太大的不同。也许更准确地说，增长机器关于社区中什么东西最重要的观点，成为四种城市分类的重要因素，成为社区未来问题的一部分。威廉斯和阿德里安的分类法增加了政府在土地使用中的适当角色这一维度。我们可以把上面讨论过的思想总结一下，将它们 *64* 归纳为社区政策制定和执行导向的四种类型。接下来，我将阐述每一种社区政策导向所包含的思维连续性（例如，人们的偏好从大政府转向有限政府），可见，这四种政策导向并不是非此即彼、完全互斥的。

1. **可进入性、开放性治理制度还是排他性、封闭性的治理制度**。这是一组相互对立的观点，它们涉及公民能够参与社区治理过程的程度，与关于社区权力的多元主义和精英主义观念相对应。如果一个公民并不属于有权者或富有者组成的"内部集团"的成员，但他或她也能进入决策过程，并对决策做出有意义的贡献的话，那么，治理过程就是开放的，治理"精英"的构成就是可变的，该过程允许新成员的加入。如果存在利益关系的公民被置于决策过程的边缘上，公民只被允许参加会议，但却不能对地方政策产生实质影响，那么治理过程就是封闭的，其治理精英集团稳定并难以渗透。在这种结构中，公民要想成为这个团体的一员或者得到他们的信任，可能需要常年从事、参与社区志愿活动。因为只有这样，公民才能证明他们不会对精英的价值和利益构成威胁。

2. **作为市场的社区还是作为生活场所的社区**。这个指标用于评价地方政策过程被两种持不同价值观的人控制的程度。前者支持社区增长和经济发展，因为他们视社区为市场；后者拥护地方环境的舒适性，因为他们把社区看作是一个生活的空间。强调市场观念的社区可能将自己塑造为支配型或强增长机器社区。而在强调生活场所观念的社区中，增长机器则较弱。冲突型社区介于两者之间，其居民对社区的未来持有对立的观点。

3. **期望作用巨大的政府还是期望作用有限的政府**。这是在微观层次上考虑政府权限范围的问题。支持大规模政府的人可能会制定涉及广泛领域的政策目标，例如社会福利或种族平等、改善环境或为经济发展提供动力。而支持有限政府的人则要求低水平税收或政府只提供那些基本的、必不可少的服务。

65　　4. **接受公共职业主义还是抵制公共职业主义**。这个指标用于衡量社区公众的

态度，即考量职业知识和公共服务职业者究竟应运用何种程度的影响力。高度政治化的仲裁者型社区或保守的看守型社区对公共职业者的影响力持有谨慎态度；然而，在政治上具有相对一致性的社区，或那些面临着严重的财政或基础设施问题的社区则可能较大地依赖于职业知识。在同一个社区中，人们对职业主义接受或抵制的程度会随着时间的推移而改变，这就取决于特定的环境和社区个性了。

每一种政策导向都会对公民治理的原则产生影响。封闭的治理体系会破坏民主原则，而对职业主义的抵制将使理性原则的实现更加困难，诸如此类，不一而足。社区政策导向影响治理原则的方式视社区在特定时间点上的特定情况而定。总而言之，本章所讨论的概念及各种社区政策导向，为公民、选任代议者和公共服务职业者提供了理解社区治理性质的工具。在下一章中，我们将把目光转向公民在此环境中担当的角色，目的在于探讨如何保证那些希望在社区中"发挥重要作用"的人们拥有选择权。

第 3 章

公　民

3.1　美国公民资格的各种模式

66　　　　在建国之初，美国人很少将我们今天十分关注的公民有组织地参与政府治理看作是一个问题。因为那时美国不过是一个由为数不多且规模不大的城市聚居区和一些小型社区构成的乡村国家。如果公民想要对社区事务有所影响，他们完全可以轻易地做到。按照现在的标准，当时进行的公共决策和"公共政策"执行过程是通过小而简单的结构设计来实现的。

　　　　这一做法符合托马斯·杰斐逊的理论，这是一位对国家发展前途深怀感情和研究兴趣的观察家。杰斐逊的治理思想十分复杂，他诠释了两个重要问题间的相互影响关系，其一是公民的个人自由；其二是需要公民参与治理过程，以创造一个富有活力的社区。通过政府形式保护公民个人自由，使其不受组织化的社会侵犯的思想，可以追溯到"以（17 世纪英国哲学家）约翰·洛克（John Lock）为代表的英国自由主义和相关的法国启蒙学派理论"（Sheldon 1993，3）。18 世纪，这场被称为**启蒙运动**的哲学运动具有广泛的影响力：这是一个反抗旧制度的时期，是一个"自觉反对将宗教当作指导艺术、道德、政治和学术活动权威的时期"。因此，"一种富有批判探索精神的'理性'取代了宗教的

67　位置"（L. C. McDonald 1968，339）。启蒙思想所讲的"自由主

义"与我们今天所指的大规模社会福利国家并非同一个概念，它并不倡导公民个人的行动像自由主义者设定的那样，在作出决定时只依据自己的意愿和偏好，而不考虑教会、主教或政府的要求。

　　杰斐逊沿用了洛克的自由主义观点，特别是洛克关于每个人生来就拥有生命、自由和财产等自然权利，以及政府需受到限制的观念，杰斐逊将上述观点与公民参与政府治理的思想加以平衡。这一主张与古希腊古典共和主义的公民资格理论传统如出一辙。然而，自由主义非常强调每个人的个性和独立性，共和主义则把人看作是一个具有社会性和政治性，并有着共同协作意愿的动物（Sheldon 1993，8-10）。根据谢尔登（Sheldon）的看法，"这个范式主要认为，从本质上讲，人的本性是政治的，他们需要拥有在经济上独立的公民权，以便直接参与到共同法则中，这样才能不断发展和展现作为人类的特有本性，确立并维持一个真正的共和政体"（1993，6）。

　　以上观点在杰斐逊的美国治理蓝图中得到了集中的体现，其蓝图包括保证每个公民至少拥有 50 英亩土地，以此确保公民在经济上的独立性；建立一个由四个层级组成的金字塔式政府结构，即联邦、州、县和教区团体，其中教区团体是县下面的最小单位。每一层政府均掌管与之相对应的事务，例如，在联邦政府层面上主要是国防和外交关系。然而教区团体在杰斐逊蓝图中具有十分特别的特征，在这个层次上，政府将向每一个公民提供一个"公共空间"，在这里，公民可以参与治理，并对社区事务的发展进程施加影响（Matthews 1986，77-87）。由于公民分到了 50 英亩的农田，这将足够养活他们的家庭，并保证他们不受有钱人或当权者的统治，因此，公民会自由地发表他们的意见。虽然杰斐逊的思想没有被付诸实践，但是，它们却表现了建国时期形成的一些治理理念。 *68*

　　另一些影响美国人观念的人物，如亚历山大·汉密尔顿在思考政府本质的时候强调，只有加强公共权威的力量、权能，实施集权化管理，才能实现有效的治理。在起草和采纳宪法的过程中，联邦主义者（倾向于建立一个新型的、更强有力的政府）和反联邦主义者（担心这样的政府将剥夺公民的自主决定权）进行了一场论战，最后，联邦主义者获胜，并采纳了新宪法。美国人一贯想防范政府的压制，但是当他们在新宪法创建前发现政府的此类问题时，他们却看到了问题的另一面，即保护政府能力的恰当发挥，使其免受公民利己主义行为的损害（F. McDonald 1985，1-3）。这种思路为新宪法的采用创造了条件，新宪法的设计旨在平衡民主价值和社会稳定，它允许保护个人权利，同时保障政府拥有治理一个庞大且多样化的国家的能力。

　　杰斐逊认识到，联邦和州政府层次需要建立有代表性的政府形式，但是，他更深信在教区团体层上公民能够直接参与。反联邦主义者希望将政府的规模控制在尽可能小的范围内，这样政府能够向每一个直接参与的公民负责，而且，反联邦主义者"很不情愿接受那些作为社区必设机构的代议者，那样公民就无法聚集起来决定他们的共同事务"（Storing 1981，43）。在欧洲，18 世纪法国作家让·雅克·卢梭（Jean Jacques Rousseau）在他的著作中也描述了对民选代议者反民主倾向的担忧。

在 1762 年首次出版的著作《社会契约论》（*On the Social Contract*）中，卢梭指出："爱国主义的衰落，个人利益的活跃，国家的巨大与征服，政府权力的滥用，这一切都促成了在国家级议会上代理或人民的代议者的使用"（Rousseau 1762/1978，102）。按照卢梭的理论，这种情形会导致不堪设想的后果。即使对于今天的美国人来说，这样的后果听起来仍然非常具有现代意义——我们的国民经济一定程度上依赖国防开支，公民对选举产生的代议者从事的活动非常不信任：

69

> 一旦公共服务不再成为公民的主要事务，如果公民们只情愿为他们的口袋奔波而不为人民服务，那么，国家就已经离灭亡不远了。有什么必要出征打仗呢？他们出钱购买军队而自己却待在家里。有必要参加议会吗？他们任命代理人而自己却待在家里。在懒惰和金钱的驱使下，最后的下场是，让士兵们奴役了整个国家，代议者成了卖国贼。（Rousseau 1762/1978，101-102）

有关美国公民资格实质问题的争论贯穿于美国的历史。辛诺波利（Sinopoli）给**公民美德**（civic virtue）下了定义，他认为，古典共和主义公民资格模式的基础是，"公民们拥有一种参加社会活动的倾向，这些活动支持并维持了一种合理的政治秩序"（1992，13）。辛诺波利争辩道，国家初创时期的美国人，就像反联邦主义者描述的那样，持有一种"弱共和主义"（weak republican）的公民资格观点，这一观点包含了公民参与本身是一种美德的承诺，而"不仅仅将其当作增进利益和保护权利的一种手段"（1992，11）。与此相反，联邦主义作家的思路则被设计一套政府机制的契约问题所占据，而政府机制的设立是要服从于"自由"启蒙思想保护个人权利的要求，它要把个人利益置于集体的公共利益之上。

到底**自由主义**（从个人立场考虑保护自由）还是**共和主义**（从集体立场考虑的公共物品）更适合于美国的社会生活模式，这仍然是我们今天讨论公民资格问题的中心。伯科威茨（Berkowitz 1995）认为，在西方民主国家，自由主义是占统治地位的意识形态，同时，**社群主义的批判与攻击**已经有效地调和了这种传统。社群主义理论家阿米泰·埃茨奥尼（Amitai Etzioni）认为，"强有力的权力必然需要强有力的责任……"而且，"我们有充分的权利根基（虽然我们需要不断地、充满警惕地守护它们）"。但问题是，"我们并没有以与关注权利保护相匹配的态度来实践我们对个人和社会责任的承诺"（1992）。

70
对于埃茨奥尼来说，这意味着持有这样的政治立场，即"通过支持有价值的家庭教育，实施社区契约来强化社会责任，而这二者是履行道德责任承诺的最好载体"（Etzioni 1992，9）。其中，采取的特殊措施包括如下政策：国内的基金优先支持照顾儿童，调整福利体系以鼓励就业培训，避免意外怀孕，及竞选改革以撤销政治行动委员会等（Etzioni 1992）。埃茨奥尼认为，社群主义者的行动努力应被视为是在传统共和主义和传统自由主义公民资格模式之间寻求平衡的过程。他写道：

社会就好像是自行车,当它两边晃动摇摇欲坠时,需要不断地向中间拉拽,唯恐它太过倾斜,要么陷入无政府的混乱,要么导致暴政的统治。当今,那些确保个人权利的法律以及道德承诺,大多出自于对保护个人免受政府权力滥用的关注。另一方面,目前对社会责任承诺的强调也昭示出,社会制度是健全的而不是被废弃的。因为没有任何一个社会能够永远完好地处在平衡状态,社群主义者试图探明一个社会方向,这个社会在历史上曾向一边倾斜,却要把重量放到另一边。

在争论中,如果站在自由的立场上来看待社群主义世界关注的问题,我们也许会认为,民众将会遭遇十分强大的压力,因为,他们要服从社会大多数人的规范,与其保持一致,这样就会形成一个平淡的、没有想象力的、千篇一律的社会,这个社会建立在对个人及其创造力压抑的基础之上。法国哲学家亚历克西斯·托克维尔(Alexis de Tocqueville)在观察了美国 19 世纪初期的情况后,坚定地认为,多数的意见会压制个人对问题的看法,他知道"一般说来,没有一个国家会像美国那样缺少思想独立和真正的言论自由"(in Mayer 1969,254-255)。托克维尔的言论也许夸大其词,因为,19 世纪早期已经是很久以前了,而且那时,民众屈从于规范压力的情况随处可见。然而,在 20 世纪的美国,仍有一段时期,如 50 年代反共时期及六七十年代越战时期,公众服从大多数人观点的公共压力也非常之大。

如果民众有意识地将自己与其他人区分开来,并认为自己高人一等,这也是危险的。社群主义者通常将他们的公民资格模式放置在早期的社会背景下,在那里,公民自主治理自己的事务,就像是古雅典。然而,在古雅典,完全参与自我管理的公民只限于那些男性的财富精英,而妇女和奴隶则几乎没有任何权利。在一篇对社群主义进行批判的文章中,德里克·菲利普斯(Derek Phillips)警示道,人类将一个群体或社区区别于其他群体或社区的愿望是很危险的。在检视历史案例的基础上,菲利普斯争辩道:

> 走向社区发展的历程常常伴随着嫌恶、藐视甚至憎恨等情感,这些排斥指向不同传统、语言、宗教、种族起源、价值,以及有着不同现实或虚构的历史与经历的个人和团体。经典的案例像早期波士顿清教徒聚集地、17 世纪和 18 世纪的德国人故乡、古雅典,还有为社会学家和历史学家精心研究的国际性社群,如门诺奈特斯(Mennonites)和阿米什(Amish)这样的集团,以及最重要的,对德国达斯沃克(das volk)不祥的关注等,都清楚地显示出,对圈外人的敌视常常就是将自己的社区与其他社区进行区别对待的直接结果。(1993,165)

今天,城市地区中形成的小集团,及前苏维埃帝国许多地区出现的混乱、死气沉沉的环境,都印证并支持了菲利普斯的观点。

因此,当我们考虑社群主义和自由主义的彼此优劣时,我们也许不能在两个极端点上做出选择，也就是说，既不能选择忽视公民参与价值的自由主义，也不能选择在集体主义下忽视保护个人利益必要性的社群主义，我们要在两者之间寻找一个平衡。在探求这个平衡的过程中，自由主义者需要承认公民实践的重要性，通过协作艺术来维护宽容和个人权利；同时，社群主义者需要在基本的自由主义框架下认识公民美德的实践。这种立场的平衡折射出美国个人主义公民资格模式和集体主义公民资格模式之间持续的紧张和对立。这种此一时彼一时的平衡状态向我们诠释了目前公民与政府之间及公民之间适当关系的公共观点。

72

在存在个人主义与集体主义对立的社区中，当今的发展趋势表现出，至少有一部分人是倾向于社群主义的。我们做出这样判断的依据是邻里公民组织、公民咨询组织的发展，这种现象已经不是什么新事物，但却引起了人们新的注意（Gurwitt 1992）。这一状况展示出人们对公民角色的重新定义，即从消极的政府公共服务消费者转变为创造社区独特特征的积极参与者。这一理念就是让公民成为他们自己社区治理的一部分，促使公民承担地方政府的服务责任，而不是将他们看成是无关紧要的人——要么作为"服务提供"的消费者，要么成为站在政府对立面的敌人（E. Ostrom 1993）。在迈克尔·乔伊斯（Michael Joyce 1994）的作品中，我们感受到他对这一公民运动本质的理解。他描述了当前美国人的情绪：

> 他们已经对支持傲慢、腐败、集权的官僚感到恶心和厌倦。其间，我们的这些社会救治者被组织起来，以确保权力和责任向官僚移动，而不是向美国公民转移。

很显然，美国人愿意并且热切希望能够再度获得决定自己日常生活的控制权，他们力图依靠自己的常识和民间智慧来作出关键性的选择，他们想呈现出自豪、独立、自主治理的新姿态，就像美国创建者为公民们打算的那样，但在今天却被社会服务的提供者和官僚否定了。简言之，美国人已经做好准备去迎接或许可以称之为"新公民资格"（new citizenship）的模式，这将使他们摆脱统治并获得授权（Joyce 1994，7）。

欣迪·劳尔·沙克特（Hindy Lauer Schachter 1997）通过对比两种改革模式，提出了上述问题。一种模式是当今的**政府再造**运动，这是一种力图通过管理技术变革来创造变化的途径。以克林顿政府的国家绩效评估为例，沙克特写道：

73

> 当今的改革议案并不包括为公众提供叫醒服务，以使其承担义务。因为，消费者并不向他们购买产品和服务的企业承担什么义务。的确，再造政府改革的流行也许部分地源于政府向美国民众传递了再次作出保证和取悦公民的信息。国家绩效评估暗含着这样的思想，政府出现的问题仅仅产生于错误时代的立法和官僚程序。所以，改革要求政治人物迅速整理、调整好内务。这样，公民就可以舒服地躺在摇椅里，看着政府如何通过提高绩效来满足他们的需求。（90）

与这一消极、倡导管理、消费者至上的模式相对应，沙克特描述了"公民所有者"（citizen owners）和"积极公民资格"（active citizenship）模式，这一模式代表了走向新世纪的特征，它必将成为今天复兴公民资格的焦点。这个强势公民模式推导出的结论是，确立积极的公民资格模式，对于提高代理机构的效能和回应性至关重要。**积极公民资格**被定义为，民众投身于思考、设计，影响公共部门的决策制定，至少在一定程度上，满腔热情地考虑公共利益，因此，这是一个每个人以不同方式进行定义的概念。积极公民资格形塑了政治议程：他们精心思考着这样的目标，即政府现在应该追求怎样有效的公共部门项目，以及如何评估公共部门项目的有效运作状况（1）。

将上述消极公民资格和积极公民资格思想应用于当前的社区生活时，我们会沿着公民期望影响地方公共政策过程的连续谱，来将公民资格概念化。在这个概念连续谱的一端是"搭便车者"，这是一个来源于公共服务经济学研究中的术语。经济学家将其定义为，一些人接受了其他人为之付费的免费服务。在我们这里，"搭便车者"则被用来指那些很少关心社区事务的人，他们让别人来行使公民资格的职责，这一职责包括研究、讨论公共问题，帮助制定地方公共政策。那些让别人代替他或她从事以上事务的人就是公共服务的"消费者"。

而在公民资格连续谱另一端的"积极参与者"，是指那些积极参与到各种各样社区事务和社区组织中的公民。积极参与者关心社区发展，希望自己在社区事务中发挥积极、持续的影响。位于连续谱中间的是"看门人"，这些人想要参与社区事务，但他们往往只参与少数直接关系他或她自身利益的关键议题（Lowery, De-Hoog, and Lyons 1992，76-77）。

有时，"搭便车者"和"看门人"更多地从经济角度来认识社区，把社区当作一个"服务包"，而不是像家庭那样获得个人认同的地方。如果他们对社区采取的公共政策行动非常不满，他们就会离开这个社区，搬到一个更能符合他们服务要求的地方（Ostrom, Tiebout, and Warren 1961；Tiebout 1956）。公民资格问题的研究和实践的目的似乎并不在于怎样让每个人都来参与塑造他们的社区，而在于怎样让社区治理更开放、更容易进入、更受那些愿意参与者的欢迎。福克斯和米勒（Fox and Miller 1995，36）认为，保护那些未获得充分参与机会的人的参与权利至关重要，至少在我们有关积极公民的研究中，我们努力推动他们获得自由，摆脱由"社区老居民设定的社区居民遵从的一致性要求"。

显而易见，依然有一些非常重要的问题存在于与社区治理原则相关的议题中。公民参与渐趋结构化，这有效地促进了政策形成，满足了参与者对规模原则和民主原则实现的要求，这两项原则决定了公民主体参与问题解决涉及的地理区域和项目范围，也决定了如何让参与的过程尽可能地开放。责任原则在维系公民行动和日常政策执行之间的紧密关系中发挥着作用。理性原则要求把公共服务职业者的专业知识融合在这一参与过程中，并促使公民在决策之前要全面考虑各种信息和各个备选方案。在接下来的部分中，我们将在坚持这些原则的框架下，对公民资格的社会背景以及促进公民进入地方公共政策过程的途径进行探讨。同时，我们还将展现公民治理模型三个部分中的第一部分。

3.2　批判理论

75　　　前面讨论涉及的时间范围始于美国建国时代，止于我们今天有关公民资格本质的思考。然而，当前的形势与 18 世纪、19 世纪的情形已经大相径庭。为了能够更好地理解公民资格的实质，我们需要把公民资格这样一个独一无二的问题放在一个拥有成千上百万人口，拥有复杂的经济体系和大型组织的社会中来考虑。在 20 世纪末期，任何一个美国主要城市的人口都要比国家创立时整个国家的人口还多。整个 19 世纪的大多数时期，在一个"组织"中为他人工作的人被看作是异类，甚至是时运不济的人。当时人们的预期是，民众是独立的，因此，为他人工作也许只是通向自立的一个台阶而已（D. Rodgers 1979，30-64）。现在，以个人为中心，反映个人主义价值观的东西在我们的大众文化中随处可见（在西方影片中，英雄、间谍或者其他冒险角色通常被看作是在现实世界中找不到知音的孤独者），但大多数日常生活的现实却是，我们为某一个组织而工作。我们都梦想成为一个独立的企业家，依靠我们自己的力量来创造一个新的、激动人心的、独一无二的世界，但是在现实中，我们却要面对那些招募有良好"人际关系"的"团队工作者"的招聘广告。

　　　公共行政理论家们用了不少笔墨来描述 20 世纪社会变迁对于公民和公共服务职业者产生的影响。在这些思考中，一个研究路径来自**批判理论**。早期社会批判理论家从 19 世纪 20 年代初期开始，在以知识抵抗德国独裁主义的过程中获得了灵感。他们把当时德国政府的野蛮行径看作是现代技术—工业文明压抑人类本性的一个表征。这种文明被庞大的公共及私人官僚机构统治着，他们借助于目的—理性的思维方式，回避探寻理智和终极结果，只是专注于"把事情做好"。从这一观点看，

76　现代西方社会把单个的公民转化成为生产机器上一个被控制的零部件，一个为他人而进行工作的单元，他们被期望接受社会现状，对他们得到、享受的消费品配额和闲暇时间感到心满意足。对于社会批判理论家而言，绝大多数人就是这样一种情况：

> 广告宣传运动连珠炮般地不断向人们展示，他们的生活与往昔相比有了多么大的改善，人们能够拥有所有想要的东西是多么的幸运。人们被教化习惯于接受逐步增长的消费模式，并把它当作一种必然的生活方式。人们自始至终都被告诫不要满足于现有财物的丰饶，因为这样做将湮没工作的激情，摧毁消费的潜力。这种思维并非源于好斗的群众热衷于改革的环境，然而，它似乎在进一步扩展。（Scott and Hart 1979，219）

　　　早在社会批判理论家们大书特书这一情形之前，德国社会学家马克斯·韦伯就已经分析了当时刚刚形成的官僚制度的发展状况，正如拉尔夫·赫梅尔（Ralph

Hummel）所说，他"对官僚政治的发展前景感到恐惧"（1987，1）。韦伯在 19 世纪和 20 世纪之交写道："我看到了一个陌生的新世界，在那里，能够活下来的人不是那些勇敢的人，而是那些丧失人性的人"（Hummel 1987，1-2）。

依据批判理论家们的观点，上述所有问题可以归结为，"由于官僚制结构的本质，其目的—理性行动是在行使一种控制"（Habermas 1970，82），其本身就是一种形式的支配。由于大规模生产、消费及物质保障是"美好生活"基础的观念普遍化，因此，民众不能够再用批判的眼光来审视周围的环境，也不再需求其他可替代的生活方式。虽然他们拼命去迎合或实现这一切，但是最后留给他们的结局还是，"模糊不清的境域，漂泊不定的不满足感，非理性的行为模式等，简而言之，这是一种人们无法认定是什么的挫折感和苦恼境遇"（Geuss 1981，81）。

精英专家们和技术领袖们掌控着目的—理性、以任务为导向的思维方式，并以此指导组织的行动。丹尼尔·扬克洛维奇（Daniel Yankelovich 1991）写道，当公民开始将接受目的—理性、以任务为导向的思维方式作为解决问题唯一有效的途径时，"那么创建国家的先辈们的远大理想就被彻底地背叛了"（240）。这是因为，"当托马斯·杰斐逊清晰地阐明了要把美国民主建立在充分知情、富有智慧的公众的基础之上时，他使用了启蒙运动所理解的'知情与智慧'一词，以此来概括深思熟虑、道德高尚、良好判断以及真实信息等美德"（245）。然而不幸的是，"现在我们教导年轻人去认识'事物'，我们教给他们各种形式的科学知识。但我们并没有发展某种理解力和智慧，而这正是人们做出公共判断所必需的"（242）。这样导致的结果是，在今天，我们往往"将充分知情等同于得到大量的信息"，而不是像老一辈的美国人那样，把杰斐逊的观点解释为在充分知情基础上智慧地做出公共判断。

对于社会批判理论家而言，目的—理性的思维诡计、浮浅的快乐观念以及根深蒂固的不舒适感并不能达成意识的觉醒，而成为了**虚幻意识**（false consciousness）的一种状态。为了实施救治，社会批判理论家们主张采取政治行动，在行动中赋予人们自由，获得做出自主选择所必需的知识。人们渴望的"最终状态是，行动者不受虚幻意识的困扰——他们得到了启蒙……"，而且"他们得以解放"（Geuss 1981，58）。人们抵抗这种解放，这是因为，他们所处环境中的知识体系威胁着他们的安全感，使他们面临着做出高风险且摇摆不定的选择的可能性。

按照社会批判理论的观点，公共行政和社会之间的关系可以被看作是由政治/经济精英控制的大型官僚机构的看守者与这些机构之间的关系。公共管理者则成为这个特定体系下的行动者，他们让公民固守于虚幻意识状态之下。当然，这并非是对公共行政领域阿谀奉承或抱什么乐观的态度，尽管公共行政促使公共专家重新评估谁是他或她的服务对象，以及为了什么目的而服务。

3.3 由公民来治理

如前所述，有关美国公民资格的个人主义观点和集体主义观点之间的紧张对立

50

78 和平衡，存在于现代社会背景下的大型公司及政府系统中，这些系统的成长超越了个体性的理解。尽管人们都自然地希望将自己区别于社会大众，以表现出个体性的特质，但是他们也知道，必须通过与其他人的协作才能达成目标。美国人已经发展了一套权利和法律保护体系，然而，他们却由此制造出更多需要政府介入来解决问题的项目，在他们的父辈那里，这些问题完全属于个人的责任范围。在这样的体系下，我们怎样鼓励人们恪守规模原则（在最接近公民的政府层级上解决集体性问题）以及民主原则（在自由、公共信息和讨论的基础上进行决策）呢？

一个很好的切入点就是让公民更容易地参与到自主治理中来。但是，怎样才能做到这一点呢？这是一个很早就被提及但至今仍未解决的问题。针对在现代大型社会中几乎不可能每一个人都参与到每一项决策中的观点，20 世纪 60 年代，政治科学家沙特申尼德（E. E. Schattschneider）写道，人们只需要在讨论重大问题的关键时刻表达自己的意愿就足够了。期望完全回到像新英格兰城镇会议那样较为简单的世界，让大多数人聚集在一起做出公共决策的想法几乎毫无意义。在现代社会，"民主几乎就和我们所做的每一件事情一样，它是无知民众与专家之间协作的一种形式"（Schattschneider 1975，134）。因此，"在民主政治中，重点问题在于领导者和组织的角色与作用，而不在于从草根阶层中自发生长的一代"（1975，135）。

然而，在 20 世纪八九十年代，一些人转向了此类自发生长的一代，试图在草根层创造出一种机制。他们反对消极的公民资格观点，即反对把公民看作是公共服务的消费者而不是选择公共服务提供种类和提供方式的决定者。引用《管理》（Governing）杂志上一篇关于美国社区中社群主义原则的文章，蒙大拿州米苏拉市市长丹尼尔·凯米斯（Daniel Kemmis）谈到了把公民看作消费者所带来的影响，他说："既然我们允许人们称自己为'纳税人'，并承认公民与政府间的关系应该是

79 公民付费而政府提供公共服务，那么，公民与政府之间的离心力将会逐步扩大"（Gurwitt 1993b，39）。民众期望在公共生活中扮演更为积极的角色，而不只是作为搭便车者和看门人，那样，民众可能就会转向以地方为导向的、社群主义的公民资格观念。克里斯托弗·拉希（Christopher Lasch）道出了其中的缘由，"小型社区是经典民主的聚集地，这不是因为它们是'自给自足'的，恰恰相反，仅仅是因为它们让每一个人都能参与到公共讨论之中"（1996，171）。

在地方层次上，总是存在着某种形式的公民参与。1918 年，玛丽·帕克·福利特（Mary Parker Follett）描述了邻里组织的积极影响。她指出，邻里组织是在城市环境中人们直接体验人类交往与联合的一种重要途径。福利特认为，在城市体系下的社区生活中，小城镇的重建是一种自下而上创强大城市的方法。她写道："我们永远无法通过改革委员会，通过政府宪章和政府规划，自上而下地改革美国政治体系。除非我们的政治生活是以自发的联结为首要的和根本的基础组织起来的，否则，我们的政治形式就毫无生命力"（202）。在 1907 年到 1930 年期间，民众通过**社区中心运动**（community center movement），依靠邻里学校组织起来。该运动的意图是要把人们召集起来，开展娱乐性的社区活动，并提供场所供人们讨论近期发生的事情，协调社会服务的提供，培训社区的工人，此外还要逐渐消除由一

些名誉不佳的聚集地如赌博厅和酒吧等场所引起的可见的负面效应（Fisher 1981）。今天，当地政府和邻里开展的各种活动通常被认为是为了提高教育水平，增进公民资格，维护家庭关系，以及抵制城市社会生活水平的下降（Eberly 1994）。

20 世纪六七十年代，伴随着国家级政府将公民参与纳入许多社会福利项目的运作过程，并作为向地方拨款决策的必需条件，地方层次参与的意义重新得以强调。国家立法和行政法规强制要求公民参与，而那些认定政府项目不能有效反映服务对象的需求，认为应从消费者需求角度增强投入有效性的人们，则对公民参与心存期待。与此同时，六七十年代，公民在规划社区硬件设施发展的过程中表现出更多的积极性，在有些地区，公民甚至在制定和实施社区长期规划中发挥了领导作 *80* 用。贝里、波特尼和汤姆森（Berry, Portney, and Thomson）论证道，20 世纪 80 年代，里根政府把公民参与看作是"自由议事议程的一部分，已成定局"（1993，40）。这表明"处于争议之中的行动并非试图消除公民参与，通过这种方式，政府把责任转移到州和城市"（41）。

美国人历来对政府抱着怀疑态度，"在 20 世纪六七十年代，这种消极主义态度更加深入、普遍地传播开来"（Craig 1993，2），这样，就开始出现一种趋势，即公民重新要求对公共政策过程进行直接控制。由于职业行政官员将公民参与限定在对管理者的规划做出评论，因此，公民参与过程以某种形式被结构化了。然而，这种状况正在改变。例如，在俄勒冈，州立法机关于 1973 年通过了一项法律，该法律强制地把公民参与作为所有地方规划过程的一个部分，此后，公民参与成为俄勒冈州很多社区治理不可分割的组成部分。在全国范围内，同样的努力使得公民成为推进社区变化的最初的发起者，而不是一个旁观者和评论家。人们要么采取了像辛辛那提那样的邻里联合会参与形式（Thomas 1986），要么建立正式的评估委员会对公共机构进行监督，要么选择其他的参与技术。但不管采取哪种参与形式，以往的被管理者正以一种更加积极的态度参与到治理之中（Berry, Portney, and Thomson 1993）。

目前，在那些能够就社区未来合理发展进程和政府角色达成一致的社区中，公民和职业者也许没有任何理由以某种方式寻求社区的变化。但是，随着我们步入 21 世纪，公民可能会越来越多地转向地方来控制政策过程，他们期望富有意义的参与，盼望具有回应性的地方政府。而在那些经济精英和普通民众间存在分歧的社区中，构建公民能够进入的和民主的社区治理体系具有一定的压力。一个公民易于进入的和民主的社区制度把社区居民看作是公民，它允许公民就政策议题进行公开对话，认同人们有能力提出建议或采取具有真正影响的行动。一个封闭的、由精英支 *81* 配的体系把居民当作是不知情的消费性劳动力库或者当作顾客，他们通过控制一些公共制度设置，例如收集信息、公共听证、调查并锁定目标群体、建立无效咨询委员会等，来操纵公共态度。

洛根和莫洛奇在他们的著作《城市的财富》（*Urban Fortunes*）中，敦促社区采取有目的的行动，打破社区间竞争的循环圈，面向未来发展，在这个过程中，每一个社区都要评估其发展计划的影响，并需要获益的民众抵补社区的成本（1978，

292-296）。诸如此类的要求既与社区硬件环境（如建筑及地基的设计标准，周边街道环境的改善，通过激励鼓励雇员使用大众交通设施）密切相关，也涉及居民是否能够支付住房费用（如在高价位开发区内建设一些供中低收入居民居住的住房），同时还涉及劳动力条件（例如，必须从当地录用一定比例的新雇员，同时需要一定的培训项目，或者工厂关闭需要批准）。

　　人们期望从土地开发中获利已经成为一种普遍的地方现象，就如同人们有一种冲动，力图运用社区政治和地方政府的强制性力量，为个人或朋友、集团寻求好处（"好男孩"现象）。人们对亲经济增长行动及其政治领导者的持续反对很难维持下去，而且有时也很难证明反对行为的合理性。因为，在人类社会中，城市存在的主要目的就是为商业繁荣提供可靠的场所。公民采取的看起来将威胁社区经济条件的行动，无疑会招致地方精英强烈而持续的反对，这些精英们可能会宣称公民根本不懂得社区是怎样运转的，他们激进而愚蠢的行为将威胁到工作机会和社区的未来发展。

　　在对佛罗里达州的盖恩斯维尔（Gainesville）亲增长和反增长的群体间冲突进行研究之后，沃格尔和斯旺森（Vogel and Swanson）发现，亲经济增长的人认为，那些反增长群体是些"怪物"和"阻碍者"（1989，75），这些人"无视社区更多的工作需求，无视为弱势群体提供机会，以及建设适当的基础设施来维持人口增长的需要"（70）。于是，持反增长观点的人被认为虽然生活在社区中，但希望"大门紧闭"，而且他们被看作是一些"感情化、不切实际、对社区毫不知情"的"毁灭的预言家"（70）。

　　另一方面，在盖恩斯维尔，反增长的人常常指出，自己并不是反对所有的增长，他们只是反对由当前的社区居民为社区开发赚取的利益付费，他们主张将增长问题拿出来公开讨论。一位反增长群体的领导者把那些亲增长的人看作是"贪婪的人"，因为商界领导相信，"如果你不时时刻刻挥舞前进的大旗，市政厅将会在经济毁灭中坍塌"（Vogel and Swanson 1989，72）。

　　因此，走出社区间竞争和社区内部派系冲突这个循环圈的一条途径就是发展更为广泛的公民参与。美国人已经开始深深地疑虑政府在提供公共服务方面的能力，怀疑政府在与公民交往中的诚实度。当然，并不是每个人每时每刻都会参与公共事务，很多人往往选择旁观，要么完全不参与，要么偶尔对其他社区居民提出点批评意见。即便如此，还是有许多公民在决定重大变化的关键时刻选择参与。当大范围公民参与出现时，社区作为一个治理体系必须能够保持信息畅通，确保选任代议者、公共服务职业者、利益集团、强势公民以及普通民众之间进行充分的对话。这是社区平衡生活空间价值与市场价值，平衡社区作为一个舒适的居住环境还是一个健康的经济发展体的先决条件。

　　并非所有的公民参与都有同等的自决程度，并非所有的公民参与都属于真正的、富有意义的公民治理。罗斯和莱文（Ross and Levine 1996，222-225）在讨论由谢里·阿恩斯坦（Sherry R. Arnstein）提出的公民参与模型时，描绘了不同层次的自主决定方式。在其公民参与程度测量标尺（scale）的一端被贴上了**"无参**

与"的标签。在这里，公民要么被操纵，将其所有的真正影响力纳入到某些咨询主体之中，而这些咨询团体却没有任何权力；要么公民参与要接受"治疗"，在此过程中，政府诱导公民相信，参与是公民的行为，而不是项目管理者的行为，这正是问题所在。在其标尺的中间，公民获得了**象征性的参与权利**，其中包括从被告知机构的决策信息，到充当调查和会议咨询的对象，再到成为咨询主体，拥有成员资格等，而这些成员是由那些与他们持有相同观点的公民选出并任命的。在其标尺的末端，富有意义的公民参与发生了。公民也许可以与委任的管理主体建立合作伙伴关系，同时可能被授权制定某些决策。最后，公民参与表现出完全的自主治理，公民获得了完全的控制项目运作的权力。

常见的公民参与形式是公民受托代理委员会（Citizen Commission）或公民委员会（Citizen Committee）。约瑟夫·李·罗杰斯（Joseph Lee Rodgers）对公民受托代理委员会和公民委员会进行了区分。**公民受托代理委员会**是指在社区法律或宪章（即地方"宪法"）中拥有法定地位和实质性裁量权的公民组织。无论是提供政策建议还是作为一个准司法机构适用具体案例来解释地方法律，其地位都是法定的。经典的公民受托代理委员会形式有："计划委员会、协调委员会、人权与社区关系委员会、环境保护委员会，以及医院、图书馆、公园、机场等民用设施管理委员会，此外还有住房和城市重建委员会等"（Rodgers 1977，10）。

公民委员会在功能上与公民受托代理委员会有不少相似之处。公民委员会也许是临时的，也许是长期的，但其角色和作用要么由委员会成员自己决定，要么由创建它们的权威机构决定，而不由法律或宪章来决定。公民委员会有不同的组建形式，罗杰斯（1977，22）将其区分为如下四种（在此做了某些诠释和修改）：其一，个人或团体围绕着有关社区共同利益的议题联合起来，这些议题包括健康、犯罪、住房等；其二，一个有着一般性目的的地方政府当局或者一个有着特殊目的的功能区创建公民委员会，以此开发或管理一个项目，或者为该项目提供咨询；其三，现有的社区权力架构创建一个公民委员会，目的是研究一项议题或者实施一个项目，例如社区经济发展；其四，一个公民利益团体组织起来解决一个特定问题或实现一个特定目标，例如，倡议或者反对一项提议的公共或私人开发项目，提出并拥护一项城市商业区美化计划等。

地方民选的代议者或社区领导人可能抵制建立公民委员会或拒绝承认公民委员会，因为他们害怕公民委员会会将人们关注的焦点吸引到社区居民反对的计划或项目上去，从而浪费社区领导者的宝贵时间和金钱。地方公共管理专家则把公民委员会看作是对他们控制政策制定和执行过程的威胁，或看作是对现有稀缺的雇员资源的消耗。然而，公民委员会仍然存在着可观的潜在优势。在众多的优势中，罗杰斯（1997，19-21）发现：

● 运用公民委员会这一途径可以增强公众参与决策过程的可进入性，从而扩大公众对公共议题的兴趣和理解。这种社区知识的拓展提升了社区平等分配权力和公共资源的能力。同时，地方公共事务中的自主决定主义得到了加强和巩固。

  ● 民选官员表现出更强的对选民的回应性，因为公民对公共议题的检视有助于官员审慎思考决策，扩大舆论覆盖面，并且能够增加人们想到的备选方案。这一公开化的过程能够降低决策中的党派偏见，增强官员的责任感，由此保证政策一旦被正式采纳，就提高了执行的可能性。

  ● 公民委员会是增强弱势群体参与以及培训人们对公共议题的领导力的一个重要工具。许多在社会上和经济上处于劣势地位的人们往往是通过租房委员会、规划区委员会和邻里协会的帮助和服务，获得第一次影响公共政策的机会的。

  ● 公民委员会也许会成立一个专门论坛，在那里，治理思想和观念能够得以论证，一些合理的分歧能够得以解决。公民咨询委员会常常被作为这样一种机制，即来自相互竞争、不同集团的代表者能够选择一些可替代性方案，最终达成一致性的共同行动方案。

  ● 公民委员会作为一个促进私人部门和公共部门领导者之间达成合作关系的有效工具，它可以引导私人资源的开发、利用，并服务于公共目的。

85

  ● 如果没有公民委员会存在，地方政府、州政府以及联邦政府的项目也许会缺乏可信度。

  在很多地方，那些进入社区对话过程，并试图影响社区未来变化的公民面对着艰难而耗费时间的任务，这会使人不安，并引起人们之间的疏离。洛根和莫洛奇认为，公民反对增长机器并非易事，"伴随着被职业生涯消磨得日渐迟钝的政客们的不合作，以及环保主义者备受挫折的现实日益明显，对立将会难以对付……"（1987，292-293）。

  与此同时，公民对社区公共事务的参与开始收到一定效果，这令人满意。罗布·格威茨（Rob Gurwitt 1992）报道说，在一些城市中，如俄亥俄州的代顿（Dayton）市、俄勒冈州的波特兰（Portland）市和明尼苏达州的明尼阿波利斯（Minneapolis）市，人们正努力将邻里组织起来，在辖区范围内处理集体事务。格威茨发现，公民对社区事务的兴趣和社区意识增加了。同时他还发现，在界定职业者、选任官与公民团体的角色关系，平衡邻里组织内部成员与邻里组织外部居民之间的利益，以及平衡整个社区与这些邻里组织之间的利益等方面依然面对着诸多困难和挑战。

  对公共管理专家而言，要求社区领导者开放政策过程以接受公众的检视、对话和决策，这确实是对职业的威胁。试想，一个需要政府住房抵押、有家庭并期望他或她的职业有所发展的人，是不想冒这样的风险的。我曾经和一个做了多年城市经理的人谈论过这个问题。他说，事实上，他所在社区里的企业领导者"迟早会把我赶下台"。三年后，在与几个无所顾忌的市中心商界人士经历了一场激烈论战之后，这个城市经理离开了这座城市去了另一个城市，我和他就发生的事情进行了讨论。

他认为，那个规模小但实力强大的派系领导人把自己"放置在法律之上"，经理人则被认为是当他们力图利用城市政府权力来控制开发、攫取财富时"挡他们道"的人。这个经理人坚信，管理者应该公正平等地对待所有人，这就需要对公共问题进行公开讨论，而精英们却希望私下处理这些事情（Box 1990，195-196）。

在经历改变迎合精英利益的强市长体制这一政府结构的改革宣告失败之后，市议会雇用了一个新的城市经理人。这个人遵从精英们的意愿，在精英们要求摒除公众观点的时候，他会不参与决策并协助精英实现要求。这位新经理人这样描述他作为政府工作人员服务于市议会的角色："如果没有法律反对这样做，他们（指市议会成员）想要毁掉这座城镇，那么，我们的工作就是配合他们"（Box 1990，194）。

对于公民和公共管理专家而言，倡导广泛的公民意识和参与能够阻止强权人物利用社区政治来提高个人福利的企图。这一取向可以看作是一种重大的、有勇气的行为。在 21 世纪，公众在地方政策制定中表达的相互竞争的要求，以及社区精英力图控制政策议程的要求，将促使公民、代议者和职业者的角色与作用进行重塑。

3.4　通向公民治理的障碍

在公共政策的创建和执行中，公民要达到富有意义的参与仍然存在着难以克服的障碍。在一般意义的社会层面上，人们通常假定，职业化的政府将承担早期公民志愿者们所承担的任务。他们推论，政府工作繁忙，是因为在大多数时间中，政府需要顾及公众的适当公共服务需求，人们可能并不认为他们除了介入社区选举投票之外，还要参与什么。虽然我们必须承认，实际上，只有少数的社区公民在某一时间参与了社区未来规划的形成过程，但正如我们所看到的，一些迹象表明，这种情况正在改变。问题在于，我们如何才能够吸引那些有意参与社区未来规划的公民真正参加进来。此外，我们还必须考虑公民参与治理中存在的一些重要的障碍。

一个障碍是，那些政治上或经济上的强势人物抵制公民参与，他们把公民参与看作是一个潜在威胁。另一个障碍则是代议民主的结构［或依照福克斯和米勒的描述，就是"代议民主责任的反馈循环（1995，14），也就是代议民主"］。这种用于美国各层级治理的基本结构形式，在公民和公共服务职业者之间插入了民选官员。因此，这种结构可以帮助精英或利益集团获取制定公共政策的权力，使公共政策符合他们的目的，或者采用那些不能反映民意的治理方式（或期望如果有既定的信息和机会，其声音可以被听到）。福克斯和米勒认为，直接公民参与的形式能够解决代议制民主责任转圈子的问题，让公民、公共服务职业者和代议者都参与到政策过程中，而不受那些阻碍公开对话的传统治理形式的羁绊。（在第 4 章中，我将对代议民主进行详尽的讨论，并提出民选管理当局角色和作用的变化将导致更加深入、广泛的公民自决。）

让我们想象这样一个社区，民选代议者真诚地希望当地居民能够成为政策制定和执行过程的中心。接下来的问题就是怎样才能够让它成为现实。正如我们在上文中提到的，我们有各种各样的公民参与形式，服务于那些存在于地方政府组织架构"之外"的公民，像那些组织起来的邻里。同时，我们还有公民委员会和公民受托代理委员会在政府结构的"内部"运转，它们作为组织层级的一部分被认可。这两者都很重要，但是在这里我们将更加关注组织内部的公民参与。外部的参与管理可以移植到那些并不真正接受公民自决的组织中，但是，如果一个被结构化的、由公民进行内部管理的地方政府，将成为公民真正而持久地控制社区决策的工具。因此，我们把焦点放在公民受托代理委员会或公民委员会上。J. L. 罗杰斯界定了这样一种情形，即"公民委员会可能由地方立法机构创建，公共官员或政府机构可为其上级政府机关负责的项目运作提供咨询，并管理或开发项目"（1977，12）。

在我们想象的社区里，管理当局期望与公民分享治理，但是，传统地方政府结构很难让大多数公民成为政策制定过程中持续而重要的部分。公民咨询团体，如规划委员会、公园和娱乐设施管理委员会随处可见，此外，还有负责图书馆管理、社会服务管理、建筑设计评估、建立操守规范或监督警察部门行为的其他公民委员会。

虽然这些共同分享治理的机会非常有价值，但是，它们不会引导我们全面走向公民治理。这样说有以下五个原因：第一，一些咨询团体几乎没有能力对公共政策过程产生什么影响，要么它们只是被授予了很小范围的责任，要么它们只有很少的实权，要么二者兼而有之。第二，在很多社区中，公民参与的机会是受限制的，因为参与只发生在为数很少的功能区域里（比如规划）；还因为，一些参与可能要求成员具备专门或专业化的知识，如建筑设计检查委员会。第三，如同所有公民参与结构（选任的代议机构）一样，公民咨询机构有时可能被少数控制特定政策议程的人所操纵。第四，公共对话机制的建立并没有使公民对参与自主治理抱有欢迎的态度。新英格兰城镇会议经常被人们认定是民主参与和自主治理的理想目标，在这个机制中：

> 没人告诉一个美国人该怎样选举，没人会发号施令；只有另一个美国人能够说服他。在一个民主渐渐凋零的世界里，但在一个自主治理占据了每个人大脑和思维的国家里，人们惊奇和振奋地发现，新英格兰城镇会议的存在，能够保证那些紧握拳头的人们很好地保存他们的遗产。（Gould 1940，10）

然而，在一项有关新英格兰及其城镇会议的研究中，简·曼斯布里奇（Jane Mansbridge 1980）指出，直接的、面对面的对话并非总是人们直接参与地方治理的最好方法。当人们的目标和动机和谐一致时［**单一民主**（unitary democracy）］，面对面的接触，就像新英格兰城镇会议那样，能够增进共同的目标和友谊。但是，当人们存在着不一致或冲突时［**对立民主**（adversary democracy）］，许多人都担心和害怕他们自己的看法会在邻居面前出丑，担心发脾气或者说一些以后会后悔的话。因此，一些人不愿参加城镇会议，一些人在一边旁观，静等更强大的一方来代替他们行事（270—277）。

曼斯布里奇建议，直接、面对面的对话在单一民主体制中更能行得通，而在对立民主状态下，像创制、复决或代议制等间接民主形式则更为适宜。在有序的状态下，公共听证是一个很好的听取各种分歧意见的方法。但当人们只为自己的观点辩护以成功地影响决策者时，公共听证制度就会窒息公共对话。在这种情况下，人们并不想真正地听取他人的意见。丹尼尔·凯米斯（Daniel Kemmis）写道：

　　　　事实上，发生在公共听证会上的每一件事情中——发表言论，表达感情，努力说服决策者，列举事实等——一个被彻底忽视的因素也许就是被冠以某些特征的"公共听证"。一个来自外星的访问者可能会理所当然地认为公共听证机制应该是公共的，不仅是对说者而言，也是对其听者而言。在这个意义上，公共听证，应该是公众举行的诚实对话的一部分。但是，这种情况却几乎从未发生过。（1990，53）

　　因此，取而代之的是，公共听证通过正当程序的正式程序性保护，通过保护个人权利的设计而不是促进社区的话语权来体现其特征。对立民主也许是件好事情，在这里，其目标是事实收集以及合法、正确的政策制定。而在单一体制中，这种做法可能是错误的，因为，其目标首先是获得一致性的基础。

　　第五个原因，现有经典的公民参与结构只给公民自主治理留下了极为有限的机会。因为，自主治理必然与公民（民选代议者或公共服务职业者）的能力状况密切相关，他们需要能够全面理解他们所监督的公共服务的性质，需要理性地、建设性地和广泛、深远地施加影响力。然而这很难实现，理由是公民参与管理的机会通常由很少的公民咨询团体构成，而这些团体必须监督大量的、复杂的公共服务活动，这样公民就难有充足的时间和精力来理解他们应该监督的那些项目。

　　这是一个十分严重的问题。因为在现实中，公民不仅仅是消费者，他们还是社区及其提供的服务的所有者。公共服务供给的资金来源于公民为获得服务而支付的税金和费用。在通常情况下，地方政府是这些服务的唯一提供单位。在一些情形下（比如夏季娱乐设施建设项目），人们可以选择不付费或不使用该项服务，但是，在更多其他的情形下（比如自来水供给及污水处理），人们则别无选择。纳税的人不能选择他们是否该为那些服务纳税而没有纳税时，其结果是相当严重的（如那些被发现没有缴纳财产税的人）。

　　因此，许多公共服务是通过上级命令或强制的方式来垄断性地提供资金的。这里我们并不作批判。但是大多数人认为，如果通过强制手段也无法为一些公共服务项目，诸如地方公共安全或城市自来水供应等汲取资金，那么，其导致的结果远比强制纳税还有害。问题在于，提供公共服务承担着直接向公众负责的关键性责任。当社区的居民通过集体讨论，就某项征税彼此达成一致，以便共同分享社区的福利改善时，社区的每一个成员就对怎样管理社区有了发言权。不管从是逻辑上还是从伦理上，这种发言权由两个方面来平衡，其一是必须保证其他成员拥有平等的自由权，其二是必须保证社区成员能够进入社区决策过程。

91   但是，如果那些自愿参与治理的公民完全没有机会提供富有意义的贡献，那么，公共责任就会自然衰退。由典型的公民"治理者"（citizen "governor"）来统领地方管理当局（如市议会、县委员会、校理事会等），或一个理事会、公民委员会、公民受托代理委员会等组织，即便他们有任期限制或者是兼职志愿者，即便他们并不能清晰地理解项目的运作，或者不能看到服务提供者的日常工作状况及其对公众的效果，他们仍能参与作出重要的决策，或者提出重要的决策建议。很多公共服务职业者尽管直接负责对公民和资源有重要影响的项目，但他们并不直接对公民负责。此类的例子表现为：公共事业部门的官员负责自来水系统，警官负责社区巡逻，中层人事经理负责劳工关系。在一个小型社区里，公民和服务提供者之间责任链条的维系如同公共服务职业者向上级主管负责，而上级主管又向民选代议者负责那样。这些民选代议者有时间和机会熟悉社区的各种服务，他们可以经常与大多数社区居民接触，从而了解他们（就如同公共服务职业者一样）。

随着社区规模不断扩大，复杂程度日趋增加，民选代议者和高层职业者一般只能了解项目和服务的大致要点，他们只能与社区中一小部分居民保持接触。因而，由于会出现公共选择理论家提出的"信息不对称"问题，其间的责任链条开始瓦解。一线公共服务职业者的自由裁量范围随着他们控制信息量的增加而扩大，而他们的上级主管和公民治理者则很少有时间去洞察和理解这些信息。从保证公共服务职业者向公民团体负责任的角度而言，公民必须能够睿智地裁判职业化的行动和提议，并提出有效的反馈建议。从公共服务职业者意识到自身对公民治理组织承担责任的角度而言，他们必须相信，公民有能力对项目管理绩效做出理性的判断，而且公民有时间，也愿意这样做。如果公民对社区的兴趣和期待被搁置在公民并不充分了解的复杂的政府系统边缘上，那么，在政府与公民之间的责任关系链条中，留给

92   我们的只有公民与民选官员的关系，它疏远了公民与公共项目管理的距离，又将我们带回到代议民主的老问题上。

3.5 个人知识的局限性

所有这一切似乎使我们陷入无力解决，甚至令人郁闷的境地：地方政府的运作过程没有富有意义的公民参与，地方政府由它自己的主人控制；民选代议者提出的政策议程大多数与公众的想法不一致；民选代议者和公民咨询团体没有时间和知识去有效地监督政府的运作；而公共服务职业者，即便出于善意的意图，他们也是在真空中履行公共责任。责任链条已经被破坏（责任原则和理性原则已被侵犯），多数问题都源于规模。在一个小型社区或组织中，人们能够保持日常工作的本质，那些想要参与社区治理的公众往往能够实现参与的愿望。

突破这一困境，修复责任链条的一条道路就是把着眼点放在公民个体和公共服务职业者身上，检视他们在哪些事情上有能力充分理解和有效行动，然后，创建相应的治理结构来适应这种知识要求。如何设计组织以保证有效管理，这不是什么新

问题。早在 1937 年，卢瑟·古立克（Luther Gulick）在《行政管理科学研究》（*Papers on the Science of Administration*）中就考虑了"管理幅度"的概念。古立克指出，测量一个管理者能够管理的下属人员的数量，取决于管理者的知识、时间和精力状况（1992，83—85）。古立克的观点并不过分单纯化和机械化，而是采用了复杂的方式考虑在不同工作种类以及不同特质工人构成的情况下管理幅度变化的依据。在这里，我提出这一观点，并非是要陷入组织是否应被"科学地"结构化的论战，而是要探求保持公共责任链条完整性的实践途径。我们可以运用**个人知识局限**（individual knowledge limit，IKL）的分析论点，来实现我们的想法。这里面包含五方面的要素：

1. 衡量成功。一个成功的政府项目运作能够最大限度地让公民对公共服务的目标、质量和成本感到满意。

2. 知识和能力。如果政府项目运作要想成功，它们必须由公民来治理，并由了解项目细节的职业者从事行政管理。如果项目运作不能为知晓项目的公民来治理，不能按照公众意愿来实施，那么，项目产生的结果与社区期望之间的差距就难以预料。如果项目运作不能由那些充分了解项目，并知道如何专业化地提供最高质量的服务产品的职业者来管理，那么，项目运作结果是否保证了效益和效率等专业化标准就难以预料。

3. 公民理解力。如果公民治理者（市长、市议会议员、县委员会委员、理事会或委员会委任指定的成员）能充分理解项目的运作情况，从而作出明智的公共政策决定，那么，他们就必须对基于日常工作基础上的项目运作方式，以及重要的技术和操作途径有通盘的了解。同时，他们还必须同样精通政策层关注的问题，诸如财政融资、评估业绩，以及判断并决定项目运作是否满足了公众期望等。

4. 职业者的理解力。如果公共服务职业者要充分理解项目，以便获得指导日常工作的职业化知能，他们就必须熟知从事日常项目运作的最新的和特殊的工作方式以及参与其中的员工，他们需要知晓处理人事、预算事务及与公众形成联系时出现的问题或议题，需要采用职业化的从业标准和社区发展目标测量工作绩效等。同时，他们还必须掌握管理和监控公共部门的技能方法，为的是有能力管理投入公共项目的人力和资源。

5. 管理幅度。如果公民治理者或行政管理者要获得有关公共项目的个人性知识，他们就必须能够检查和管理项目涉及的范围、规模和复杂性，这样，参与者的参与水平和时间投入才能与他们必需的知识水平相适应。

个人知识的局限性，客观上要求那些制定政策和监督公共项目的人拥有基于个人参与才能获取的知识，这既得自于参与者参与决策和项目运作的过程，也得自于他们参与监督和管理的功能实现过程。尽管在对知识和决策细节的要求上，公民治理者与公共服务职业者是不同的，但是，他们所面临的问题在本质上是一致的。公民和职业者有必要了解，至少是在要害问题上，他们担负着公共项目运作的责任，这其中包括：项目与功能性目标、资源或财政约束、职业者职位的性质及从事这项工作的人员的特点、如何完成日常的工作、政策执行的效力以及政策改进面对的挑战和障碍等。

当公民治理者和公共服务职业者在他们的个人知识局限内开展工作，地方政府的实践过程将完全不同。因此，地方政府结构的选择、评估和调整将建立在个人知识局限的基础上，而不是不加批判地建立在传统结构的基础上。公民和职业者之间应该有更多的对话、交流。我们没有太多必要建立正式的控制和报告体系，也没有太多必要经常地再造那些符合适当功能的组织结构和程序。同时，当人们及时发现不良管理和低效率时，周期性的剧变经历将不会那么普遍了。从某种意义上说，缺乏对话、需要复杂的控制体系以及周期性剧变，在很大程度上是存在着不适当责任链条的结果。运用个人知识局限性的结构，有助于我们恢复责任链条，并有效地履行责任原则和理性原则。

3.6 创造公民治理

95　　在今天复杂的社会环境中，尽管我们不可能将小型社区的直接民主形式推进到所有治理结构并发挥作用，但是，我们却能够通过努力保证责任，激发自主治理的激情。这就是公民治理的目标，是公民治理模型的首要部分。然而这并不是一项容易完成的任务，即使是在小型社区中，造就充分知情的公民资格也很困难。然而，从一个方面看，许多民众对于如何治理社区，如何提供公共服务有着很强烈的看法，虽然他们并不参与治理，有时其观点也不太切合实际（事实上，这些人是社区中不充分知情的"看门人"）。我曾经在一个有 3 000 人口的小城镇里担任行政长官，那时，我们正准备让本地选民就是否增加城市财产税的税基进行投票。市议会决定将这个城镇分为七个区，这样，他们就能访问每户居民，与他们讨论即将到来的投票事项。一天，当市长挨户走访时，他遇到了一位女士，她对城市财政管理以及改善途径都持否定观点。该市镇是一个庞大的乡村学区的总部所在地，该学区的财产税税基是城镇的四倍。由于学区的办公机构和三所学校处在该市中心非常显眼的位置，因此，尽管学区是完全独立于城镇的政府实体，但是，这位女士还是自然地将注意力集中在它们身上。这个投票人告诉市长，她不会对提高财产税税基投赞成票，因为该区所有教师整个暑假都无事可做，我们应该让他们整年工作，那样我们就不需要更多的财政经费了。当然，教师的工作日程似乎与城市需要更多的资源来提供的诸如街道养护和警察保护等公共服务无关。

由于存在着诸如此类强烈轻视任何真正知识，但却具有影响作用的观点和意愿，这使得公民资格问题以及促进社区治理发展的新努力成为焦点，这一切将尽可
96　能地增进公民参与的可进入性，并增强公民参与的吸引力。在写作本书期间，一天早晨，我听到了国家公共广播（National Public Radio）播报的一条消息：几位芝加哥民众就投票问题接受了访谈。罗伯特·贝拉（Robert Bellah）及其同事就《心的习性》（*Habits of the Hearts*）一书接受访谈中提出的观点，与这些美国人的想法如出一辙。这些芝加哥居民仅仅对本地事务和政治感兴趣，他们并不参加国家的

选举，因为那些东西对他们来说遥不可及，如他们中的一个人所说："我在其中能够起到什么作用呢？"这种观点与《心的习性》一书作者的访谈感受一致，他们对社区的观念直接源于他们的环境。该书作者说："一个大问题是，我们要辨别成千上万的事务——民众、花草、汽车和道路里程，但我能看到的就是我周围的社区"（Bellah et al. 1985，179）。如果我们目光集中的焦点如此之近，而结果又是如此明显，那么，参与集体事务的期望就会油然而生，培养公民资格就会非常容易。1788 年亚历山大·汉密尔顿在经历了美国宪法审议、批准过程的激烈争论之后，写作了"联邦党人文集第 17 号"（Federalist Paper Number17）。正如汉密尔顿指出的：

> 这是一个有关人类本性的人所共知的事实：人类共有的情感强弱与人们彼此的距离近远或客体的弥散程度呈正比关系。以此类推，在一般情况下，人们对家庭的牵挂要甚于邻里，对邻里的牵挂要甚于大社区。各州民众对于他们自己地方政府抱有偏好的强烈程度要远甚于对这个联盟体的政府的偏好程度。（Rossiter 1961，119）

为了使社区公民自主治理模式行得通，且对公民具有吸引力，我们需要将公民带入政策议程、社区项目管理和公共服务事务的中心地带，我们需要创造开放的参与机制，以迎接而不是威胁的态度欢迎公民的进入。贝里、波特尼和汤姆森（1993）曾经建议，在大型城市中，实现公民参与的一条好的途径就是通过邻里组织进行面对面的参与。这是有关外部公民参与的绝佳的思想，也是形成公民资格的精髓部分。在下一部分，我们重点讨论公民在地方政府组织内的参与，即内部的公民参与。

19 世纪借用服务于特殊公民理事会组织形式而出现的过度民主状况（腐败，缺乏合作和对财政及项目管理的掌控）最终导致分权化的管理模式走向强市长式的集权模式，而后又转型为委员会制模式，最后形成了市议会—城市经理人的统一合作模式。由于公民理事会存在着消极作用，没有人会支持完全回到以前这个治理模式中去，也许是对权力滥用的反应，20 世纪形成了职业主义集权的治理模式，可是，专家集权模式也同样过度。伴随着公民从外部参与政府组织事务的数量不断增多，如建立邻里协会等，以及伴随着民选管理当局和公共服务职业者角色、作用的改变（参见第 4 章、第 5 章）我认为我们已经到了复归公民委员会广泛监督社区管理的时代了。

公民委员会或者公民受托代理委员会模式的吸引力源自于美国民主的、以公民为导向的社区政府制度的历史传统，但它更有行政管理实践这一牢固的基础。为了实现民主和责任原则，为了构建责任关系链条，公民的作用就不能仅仅限于投票选择民选代议者，他们必须参与公共政策制定、公共项目和管理程序的建构、执行和监督。在许多小型社区里，这些制度已经形成并将存在下去。在那些没有实施这样的制度的地方，问题通常出在社区规模上，即伴随着规模的扩大和增长，组织体系日益职业化和科层化，导致公民越来越被排斥在行政管理过程之外。

组织体系的增大以及随之而来的公民被排斥在外的状况意味着，公民将更多地依赖于民选代议者，从而在社区需要什么样的公共项目与政府实际在做什么之间建立联系。随着时间的推移，政府机构不断扩大，官僚自我保护增强，而且职业者日益将公民看作是"侵入者"，这些情况导致社区与政府的联系变得越来越遥远，越来越模糊不清了。仅仅依赖于民选代议者来实现民众的意愿一定会塑造出不能充分知情、冷漠狭隘的社区公民形态，这些公民只有在他们期待政府所做的事情与实际状况存在严重偏离的时候，才会对公共事务感兴趣。

98

要救治这种缺陷，达到切实可行的效果，需要我们务实地、认真地思考地方治理制度的演进本质。就采用的措施本身来说，单纯地增强社区政策选择中的对话水平或者建构分权化的行政管理结构还是不够的。这些措施不能与制定和执行公共政策的日常工作建立直接的联系，也不能为有限度的人类理解和行动能力的发展提供任何依据（个体知识局限性）。

在今天，社区现有的大多数公民的参与结构与人们所建议的存在着差异，这一差异是范围问题，而不是实质问题。让我们记住个体知识的局限性现实，我们就能建构适合于公民治理原则的公民参与结构。在这样的结构体系中，绝大多数公共服务功能将由公民委员会参与，他们将关注目标设定、政策制定，同时监控管理的执行。每一个公民委员会仅仅负责特定数量和规模的管理功能，以适应委员会每一个成员合理的任职时间以及志愿者能做出贡献的时间量。例如，在小型社区里，这种思路意味着，一个委员会负责监督公园和娱乐设施管理的功能；而在大型社区中，则需要多个公民委员会，覆盖从公园用地与开发，到公园维护，再到娱乐项目开展和其他事务等多项管理功能。

每一个公民委员会都有既定的权威程度、选择成员的方式、成员任期等，这都涉及地方裁量权的问题。公民和行政官员互动的总体目标是要建立相互的信任，形成公开对话的认知，共享信息和价值，保证将职业者的专业知识和经验与公民期望有机地融合在一起。公民委员会一旦将邻里协会和"外部"的公民参与作为补充，与他们密切合作，委员会就能够成功运作。同时，他们还要密切关注社区民主自治

99

治理这一重要事务。以前的公民参与结构设计的主旨是让公民有时有机会告诉代议者或职业者他们所关注的政府问题。公民委员会结构则与此不同，它致力于赋予公民委员在治理中发挥直接而持续的作用，保证他们有机会学习公共服务的技术理性方法，为他们提供真正的治理机制。公民委员会成员作为被任用的负责某一特定功能领域的志愿者，他们可以花费时间和精力与那些关心社区事务并且有改进社区愿望的公民进行沟通。

我们经常听说微观管理（micromanagement）的问题，所谓微观管理是指，民选代议者经常介入、干预公共服务职业者日常执行公共政策的工作过程。职业者们对此非常担忧，他们认为有必要阻止公民侵入行政管理领域，理由是，这样做会让非理性的政治考量来决定管理事务，而这些事务只应由职业者自己来确定。这一思想意味着非职业化人士只应参与那些广泛的政策议题，而不应该干涉政策执行的细节问题。这一观点同样可以适用于公民邻里组织和内部的公民委员会。人们担心，

如果上述组织过多地介入行政管理事务，那么，也许会减弱代议者在公共政策制定中更为广泛的代表性责任，同时降低行政管理的理性。

想要防止管理当局或公民委员会陷入人们认为的微观管理问题，先要明确哪些是具体管理事务，而哪些不是，但在这个问题上人们很难达成一致。我们常常听到职业行政官员做出如下争辩，即任何超越一般项目管理使命的公民参与都属于微观管理之列。对行政管理者来说，即便是做出那些有关年度预算的重大变化、雇用或解雇高级人员的程序、启动新项目或管理系统等决定，也是独立的职业者决策的领域。一些行政管理者认为公民不具有足够的信息和技能，从而无法做出相关的决策。

这一关于公民参与公共项目管理是一件坏事，其知识不足以使其参与管理的假设，忽视了个人知识局限性问题，违背了民主原则。下面的观点是正确的，即管理当局或公民委员会将自己淹没在项目管理的日常具体事务中，而忽略了更为广泛的政策制定，这样会损害项目的管理效能。但同样正确的是，如果公民不能进入项目管理过程，那么，理性的决策制定也无从谈起。我们有理由相信，我们应该从肯定的角度而不是以否定的态度来看待微观管理在地方治理中的作用，我们从三个方面说明原因：

第一，民众往往从具体的事务中逐渐提取并建立概念，他们并不习惯广泛而抽象地考虑问题。例如，当代议者或委员会成员提出对购买设备、雇员激励和鼓励公民参与社区服务等细节问题进行讨论时，公共服务职业者也许会非常不满。他们认为，这些政策执行的具体问题应该由他们来关心，只有表明由公民担任的工作人员完全有能力独立决定和处理管理事务时，公民才能参与到微观管理之中。然而，当讨论上述具体事务时，公民实际上制定的政策可能涉及的是比较广泛的问题，诸如公民委员会与一些商业社群的关系、委员会的人力状况以及为委员会服务的民众状况等。公民组织的成员也许并不知晓，他们正一点点地形成政策，只不过这种讨论的结果并不（即刻）形成为正式的书面政策。但是，如果公民在提出广泛的政策议题时不考虑日常实践中面对的细节问题的话，那么，他们在形成有意义的政策方案时就会遇到麻烦。

这一渐进性的演进历程是自然且符合逻辑的。公民只有在获取和积累知识，在经过一系列的讨论和决策验证的基础上，才能产生富有意义的政策。对于公共服务职业者而言，即便他们拥有充分的信息和经验，在深远而复杂的事务上，每一次都能做出符合逻辑、理性和准确的决定，依然是十分困难的。当然，期望那些排斥细节知识和经验的公民做出深度的决策也是不现实、不合理的，而且这样可能会导致不良政策，并引起投身政策制定过程的民众的高度不满。

第二，公共管理当局与公民委员会经常会在观点上产生分歧，并且很难就某些议题达成一致。它们分别代表着各种不同观点的选民，这些观点常常表现为利益之间的冲突。基于这个原因，公共管理当局和公民委员会不仅在某个特定的服务项目实施的具体细节上，而且在政府的角色，以及政府对公民、商业企业和财产等采取直接影响的行为方式等根本问题上存在着分歧。

100

101

第三，公共管理当局和公民委员会建立了一种激励机制，这种机制就是不将委员会面对的问题当作一般笼统性政策问题来决定。因为，民选官员以及在某种程度上由民选官员任命的公民委员，要依靠取悦于选民个人或集团才能担任和保留公职（Downs 1957），所以，在一些广泛而重要的政策问题上，他们通常不明确表达自己的立场。这是由于摆明自己关于公共政策的立场，也许会冒失去那些十分有价值的选票的风险，而决定独立的、个体性的事情却不会疏离什么人，或者根本不会得罪任何人。既然如此，公民治理者常常发现，决定那些与政策立场相关的一系列具体事情相对更加容易，而这也能达到与表达政策立场相同的累积效应。

基于上述原因，公民和代议者除了不能成为其管理领域的全职从业者之外，他们只要通过提出问题，通过质疑职业者的假设前提，通过与他们的同事和公众之间的辩论，通过从事在广泛的政策领域里相对细小的，但对决策却是十分必要的困难工作，他们就能够获得进行政策选择的相关知识。这一审慎思考和协调斡旋的过程将自然而然地引导公民考虑一些微观管理问题。让公民和代议者避免陷入一系列过于细节的决策环境，代之以制定唯一的中心使命的想法，只能是将公民和代议者引入制定不良决策和疏离选民的歧途。

社区如何治理与每个人息息相关。我们正处在一个发生重大变化的时代，这个时代是要求回归地方治理而不是州或国家政府治理，要求小而富有回应性的政府而不是庞大的官僚制政府的时代。在 21 世纪，这些价值观意味着，公民将积极地参与政策制定过程，决定社区发展的前景与未来，决定社区将提供的服务项目组合，并决定社区实现未来愿景的政府治理结构。

这些变化要么被看作是怪异并且具有威胁性的，要么被看作是治理制度与公民之间关系的自然的周期性摇摆和波动。当前，我们正处在 19 世纪末期开始的改革浪潮的下旋波动曲线上，这一改革将职业主义和理性的行政管理引入到美国的大多数地方政府中，但是这种模式正在被现时代激变的社会与经济环境调整着，同时，也被公民要求自身再度决定社区命运的期望修正着。

在不远的将来，走向公民治理的进程将有助于让经久不息的政治回应性和民主治理价值尽早恢复，这些价值将部分地取代过去一段时间倡导的大政府和职业主义管理的价值。这种观念的变迁包含了规模原则、民主原则和责任原则，于是，需要我们对理性原则给予更多的关注，因为，在促使公民主持政策的要求驱动下，随着各种诱惑的增长，治理者也许会丢弃对信息和备选方案全面、彻底而平衡的检视。正如我们在本章中讨论的那样，这一系列变化将对公民、民选代议者以及公共服务职业者的角色和作用产生决定性的影响，我们还将在后面两章中对这个问题做进一步的阐述。

第 *4* 章

代议者

4.1 受托人和代理人

1774 年，英国政治家埃德蒙·伯克（Edmund Burke）在向 *103*
他的支持者，也就是那些把他选进议会的人们发表演说时明确指
出，他会行使独立的判断权，充分代表他们的利益。伯克一再指
出，尽管一名选举产生的代议者必须充分尊重选民的意见，极力
关注选民的事务，但是，代议者

> 不应存有任何偏见，他应成熟果断，富有良知，开明通
> 达，不应为你、为任何个人或为任何类型的生活方式所左
> 右。代议者的这些品质并非来源于你喜欢与否，也不是源自
> 于任何宪法或条例的规定，这是上天赐予的信任，他们必须
> 本着高度负责的精神认真对待。你的代议者感激你，是因为
> 你的支持不仅成就了他的事业，还让他可以行使独立判断；
> 而如果代议者因屈从于你的观点而牺牲独立判断，那么他不
> 是服务于你，而是对你的背叛。（见 Hill 1976，157）

以上这一经典的论证表达了代议者提供服务的**受托人**（trus-
tee）观念，这一观念意味着选任官员依靠自身的良知和判断来
解释公共利益。在代议者和公众的连续谱关系中，受托人位于连

104　续谱的一极，而受托人委派的**代理者**（delegate）则位于另一极。代理者将他们的角色定位于在尽可能少地受代议者观点诠释和干扰的情况下，探寻民意，执行民意。

　　今天，我们时常听到地方管理当局的成员（也包括州和国家级政府的立法议员），在讨论代议者角色定位的问题。他们既想保持与选民的联系，表达对他们利益的同情，同时，他们又想保留某些行动的自由。受托人角色问题引出了**代理权**（agency）问题，即代议者是否应作为代理人去从事我们或公众要他们做的事情。而代理人角色问题又引申出另一个问题，即在决定"民众"需要什么时，代议者究竟应该听从谁的要求。探求民意是一个基本的、典型的问题，也就是说，在某一特定事件发生时，代议者是否能够准确地了解到大多数民众的意愿。

　　在昔日的新英格兰小镇，代议制问题远比在当今的大型城市里简单得多。公民们参加城镇会议，各抒己见。他们拥有自己的代表，但代表们仅仅被看作是城镇的临时管家，而不是独立的决策制定者。如果管家们的意见与大多数公众的意愿偏离太远，那么，他们就会被迫下台或者由他人替换，因为几乎居民中的每一个人都了解他们平常做了些什么。但今天，我们拥有大型的地方或区域组织和人数众多的代议者群体，他们却只能够了解少数居民的意愿——除非他们采取民意测验的方式。然而，这一体系并非我们所追求的充分知情的、双向沟通的公共决策方式。在这种情形下，我们如何重新获得并保持我们的责任感？如何维系公民意愿与管理当局行动之间的联系？在本章中，我们将试图通过改变社区代议者性质的方式，探寻加强公民治理的途径。

4.2　社区代议制的性质

　　我已在第 2 章中描述了市议会的历史，那是一部从合众国早期的精英统治时代转变成为 19 世纪的过度民主时代，再转变为 20 世纪的专家治理时代，以及转变为
105　今天的不断探寻治理中公民积极参与时代的历史。1969 年，赫伯特·库夫曼在一段讲话中，描述了美国人民对其代议制政府的不满。"参与政治决策的机会是如此丰富，但人们却对这种安排心存不满，原因何在呢？"库夫曼对此做出如下回答：

　　　　从根本上说，由于确实存在这样的人群（即便是少数人），他们认为现存的政治、经济和社会体系并未给他们带来公平感（即便是最低限度的公平），他们无法享受这一体系提供的福利或报偿。由于他们认为，他们无法通过目前这个国家的政治制度，分享到他们本应享有的福利和报偿，因此，这些人的情绪并不因以下论断而稍有平缓，这些论断指出：我们国家制度的特征虽然阻碍了他们利益的实现，但与此同时，也阻碍了自私自利和极端利益的实现。很显然，对这些心存不满的人来说，在这种制度下，只有有权势的人受到了关注，而且现存的有权势者也是由此种制度促成的，而此制度对于缺乏权势的人却难

以起到作用，因此，不是那些邪恶的人滥用权力，而是制度本身缺乏可信性。

对于那部分被剥夺了权利和利益的群体，现存的政府特征至少存在着三方面的问题，这才使他们形成了上述印象：第一，现存代议制机构只能向行政部门提出一般性的强制要求，而普通大众所看到的公共政策则是底层政府官员或雇员在处理日常具体事务时做出的决策和采取的行动。或许有时由于民众的期望不切实际地乐观，或许有时由于项目推行的种种困难难以预见，或许有时由于官僚机构过于拘泥传统习惯的束缚，或者官员们除了采用极为温和手段，对现有方式稍作修改，否则不愿改变以往习以为常的行为方式，这些都导致了项目预期（就像那些接受服务的大众解释的那样）和执行结果之间常常产生显著的差距。

第二，政治体系的多元性质为持反对意见者行使否决权、寻求改变现状提供了充分的机会。每一项改革提案都会跨越一连串的障碍，最终成为不同派别间讨价还价、相互妥协的产物。因此，改革进程通常十分缓慢，进展甚微。对于那些需要迅速行动、加紧改革以解决特殊问题的人们来说，这一体系因其"迟缓性"而备受谴责。

第三，现今我们社会的组织规模日趋庞大，仿佛只有通过如此规模的组织，才能产生重大的影响力。这一观念本身就使得那些势单力薄的个体在巨大的、非人性化的、漠视人性特质的政府机器面前显得孤单无助。然而，一些社会利益群体，如黑人和青年人组织，最近已经开始朝组织化的方向发展，以积聚政治资源，花费时间精力建立起能够参与政治的渠道。这些群体不应等待着制度结构的承认——与此结构相伴随的是，他们会遭遇庞大的、富于经验的、防护严密的组织的反对——这些群体应该不断地争取旧制度的认同，他们应采取讽旧寓新的策略，以寻求建立新的制度，在这里，他们能够发挥更大的，也许是决定性的影响力。

因此，基于以上三点，传统的代议制模式已表现出明显的缺陷；现行的方法已经不能满足民众的各种要求。正像上个世纪的政府结构设计力求发展专家和领导模式精致化那样，目前，来自各方面的压力都要求我们赋予代议者更大的权力，更大程度地发挥代议制的作用。（4—5）

早在 25 年前库夫曼就提出了上述观点。他认为，那些被剥夺了政治权利的人们就是弱势群体和贫困阶层。而今天，尽管这些群体仍然面临着诸多严重的问题，但更广泛的群体已意识到，代议制政府结构不能够切实发挥其应有的作用。例如，国际城市/县管理协会（Frisby and Bowman 1996）的研究报告显示，在 1990 年和 1991 年公民关于中心群体的讨论中，公民不能够参与进入政治过程。公民们认为，他们被拒绝进入政治过程，"没有一个人听从我们的意见"，特殊的利益集团和院外集团控制了政策的制定，"政府官员们只寻求那些能够满足自身利益的议程，而对公共利益则不闻不问"（A—1，A—2）。丹尼尔·扬克洛维奇写道：大多数美国人"认为他们对于政治的贡献并不是必需的"，"当然，他们也验证了下面假设的正确性：即政策制定者并不真正地寻求公众的参与"（1991，244）。

公民对于代议制政府的不满一部分指向于国家级政府，这成为那些热衷于参与
107　公共政治生活的公民越来越多地转向地方层次的理由。然而，人们对于代议制的关
注却延伸到政府的各个层级之中。这个问题关乎由选举产生的代议者小群体在做出
有关公共项目建设和资源使用的决策时，他们应如何处理复杂事务，如何回应广大
民众的呼声。这个问题还关乎如何处理下面的情况，即当公民认为他们的代表，无
论是国会议员、州立法会成员，还是地方议会议员、县委员会委员或校董会董事，
都无法满足他们的要求的情形。至少有一部分人已察觉到这一导致治理失败的问
题，就是力图改变公民和政府统治机构之间关系的核心问题，也可以说是"代议民
主"的核心问题。在"代议民主"中，公民通过代议者，而非通过自身的直接行动
表达意愿。

在国家建立之初，那些主张建立强有力的政府的人们坚信，政府权力根本上来
源于人民，但是大部分民众缺乏积极的、建设性的统治能力。国家创建者们相信，
政府，至少是国家级的政府应该由头脑睿智的政治家来掌管，这与州级政府内派别
间利益争斗的状况不同，国家管理者关注整个国家的利益。然而，这种假定认为，
在地方政府层，由于民众在地理上与政府活动和选任代议者之间存在着直接联系，
他们多多少少可以进行直接的自主管理。

确实存在地方代议者的治理明显不能代表大多数公民利益的情况，其中部分的
原因我们在第2章、第3章中已经讨论过，那就是地方经济精英控制了地方管理当
局。而另一部分原因也许与管理当局内部的工作状况有关。各部门是否协调地运
转，面对社区问题是否进行通盘的思考，是否共同努力、竭尽全力寻求解决方案？
或者，管理当局仅仅是代表不同经济、地域或政治利益的小团体去争夺有限资源的
聚合体？合作模式是20世纪改革者的一个主要政策倡议，该模式将管理当局的成
108　员看作是社区整体利益而不是自我利益的代表者，这与19世纪盛行、20世纪末期
又重现的竞争模式形成了鲜明的对照。所以，我们面对着一个视野与观念多样化、
竞争与妥协共存的模式。

合作模式鼓励市议会朝向共同目标来协同工作，从而使整个社区受益。在这一
模式中，管理当局将重点放在赋予组织工作使命、深思熟虑地回应员工的政策建议
上，它们避免涉入政策执行的细节中去（Svara 1986a）。在合作机制中，市长作为
新政策的倡议者，或作为直观的社区领导中心，发挥着促进沟通与协调的作用
（Svara 1986b）。市长在任何结构形式中都行使着富有意义的领导权。虽然他们往往
意欲拥有成为强市长的绝对行政权威，但是事实已经显示出，有时在实行"市议
会—城市经理人"运行机制的城市中，市长作为政策领导者可能发挥更为有效的作
用（Sparrow 1985；Wikstrom 1979）。

在竞争视野下的地方管理当局并没有看轻管理机构和市长的这些功能，但是，
这个模式认同内部潜在的紧张与不和。而合作模式则假定管理当局的成员寻求普遍
的公共利益的实现。但就其代议制的性质而言，其管理当局是由这样一些人构成
的，这些人也许服务于不同地区的特殊利益，或者服务于个人在权力行使、公共选

举生涯中的所得以及在金钱获取方面的特殊利益。管理当局成员常常因个人利益争执不休，这导致了公共导向的价值和目标的缺失。管理当局的成员通常不是管理政府运作的专家，他们缺乏像职业人士那样的技术信息，也没有时间去掌握这些信息。在政治上，他们则倾向于避免因明确代表公众的立场（White 1982）而承担风险，更愿意作为员工或其他人政策建议的批评者（Adrian 1958）。直接选举市长的需求和对政治领导权的争夺为市长成为公共政策的领导者提供了机会，但这加剧了市长和管理当局之间的某些冲突，使得市长与管理当局之间的权力关系越来越类似于州和国家级政府的分权结构。

109

在 20 世纪前半期的改革阶段，曾有假定认为，合作的或者经各方同意建立的管理当局关注整个社区，公共政策制定或公共项目规划建立在公共利益的基础之上。然而，这一假设忽视了代议者行为的某些可能性，诸如他们很可能优先考虑特定的精英群体，忽视弱势群体的要求，或者追求不为大多数公民所需要的目标。上述情况导致了选举制度在一定程度上的倒退，即这种选举是按照地理区域进行的选区选举，而不是社区中的每一个人投票"普选"每一个当局成员（Ross and Levine 1996，187-189）。改革后形成的社区内合作模式在地方治理层次上也显现出国家创建者主张的政策效果，那就是，由政策制定者这一精英集团把持国家的权力中心，将一部分"政治"从地方事务之中转移出来。虽然这将促成国家级的政府实现更好的治理，但它会在地方上引发怨言，因为被挑选出来的团体显然站在自己的立场上进行决策，而偏离了对公众承担的公共责任。

改革时代产生的经各方同意建立的、具有社区意识的管理当局和委员会呼吁构建合理的、理性的、去政治化的地方政府组织，以回应人们的要求，但是民主治理的现实状况却往往是各方力量处于分化、争议和冲突之中。当然，这不是必然的否定，相反，它能够折射出民主进程是否在健康发展。确实，如果一个管理当局在几乎所有事情上都似乎能够达成一致的话，这可能正是社区为民众治理的一个标志，这些民众运用政府的结构和权力来推动他们自身利益的达成。

上述讨论勾勒出了几条道路，在其中，代议制都引发了公民对那些未能实现的自身利益的思考。从程序性角度讲，政府机构是如此庞大和复杂，使得人们感觉对参与治理、表达自己意见的无能为力。更重要的是，他们也许认为政府课税太高，相关服务并没有得到有效的提供，土地开发方案没有考虑公众的愿望就通过了，特定邻里组织的要求被彻底地忽视，公共管理者傲慢无礼，醉心于官样文牍，公立学校虽然不断地注入取之于民的税金，但情况却在不断恶化，诸如此类，不一而足。当公众关于社区问题的看法与代议者的观点以及他们委任的专家难以产生"一致和共识"时（Verba and Nie 1972，299-333），政治失败的问题就会出现。

110

让我们再来回顾一下地方管理当局的某些特性，重温在第 2 章结尾讨论过的四个社区政策导向。然后，我们就可以评价代议制机构是否有能力通过实现民主、责任、理性的原则来满足公民的需求，从而总结第二部分的公民治理模型。

4.3 代议制的责任

当人们通过观察，发现他们社区的代议制存在着缺陷时，他们一定正遭遇到我们前面讨论过的其中一种社区政策导向的困扰并防守反击。也许读者还记得，我们从第 2 章开始就探讨了易于进入的、开放式的治理和排他的、封闭式的治理两个体系；作为市场的社区和作为生活空间的社区两种发展取向；庞大的政府和受限制的政府两类政府角色；接受职业主义或抵制职业主义两种意愿。一个对于一种或多种政策导向持有鲜明态度的公民，不可能与不同意他或她观点的地方管理当局友好相处。

这些治理管理当局的政策导向与社区期望的未来远景目标息息相关，也和公民、公共职业者的态度密不可分。在政策导向之外，市议会或委员会成员中的每个
111 人对代议者应发挥的恰当作用也态度不一。其中，具有支配性的观点可以表述为：代议制是一条管理主体的连续谱，代理人和受托人分别位于连续谱的两端。

位于代理人一方的管理主体主要思考如何正确地界定绝大多数公众的要求，至少要倾听那些非常关注管理当局政策选择的绝大多数人的要求。界定大多数人的政治意愿是一项抽样调查的事务。那么，怎样才是发现、了解民意的最佳途径呢？是与认识的人交谈，发放调查问卷，倾听街谈巷议，还是挨户走访，阅读报刊主编的来信，密切注意前来参加听证会的人们，或是参加社区邻里组织的活动？

位于受托人一方的管理主体则力图确定某项公共政策，这一政策被公认为代表了公众利益。这也许意味着政策代表了某个个人对社区未来的展望，但如果公众被赋予了充分知情权和在社区事务管理中的积极作用，政策也许就代表了社区绝大多数民众的共同感知。在特定的政策立场下，受托人管理机构对于那些既得利益人群的要求需小心谨慎地对待。当然，他们还会积极活动去促成公共观点的形成。

位于代理人治理主体和受托人治理主体这个连续谱之间的代议制，是这样一个群体，这个群体在倡导某种特定的政策导向时分享着利益。这一"倡议式"的治理主体对我们前面讨论的这种或那种政策导向显示出明显的倾向性，但经过一段时间后，密切观察的人们就会注意到，它们在推进政策及获得政策结果或选择对待公民和公共职业者的态度时显现出的某种特殊利益。例如，我们发现，某个管理当局力图推动经济发展或者促进环境保护的事例极为常见，或者一个管理当局忽视或尊重公共职业者的事例也不胜枚举。同时，经过一段时间，观察者们还会发现，在某个特定的社区内，管理当局因选举而更迭，新的管理当局则会使原有的政策导向发生变化。政策导向和代议制方式的相互混合，导致了地方社区管理当局行为的多样化和复杂性。尽管我们使用四种政策导向和受托人—代理人代议制连续谱分析途径时，将管理当局进行了"类型化"的区分——对此，我们应该深思熟虑、小心谨
112 慎——但其研究目的在于增强对管理当局行为的理解力，以发现提升治理能力的有效途径。

就本书的观点而言，我们已经讨论了地方代议制的重要特征，也确定了有关代议制的一些重点问题，概括如下：

1. **精英集团控制公共政策过程**。正如我们在第 2 章中讨论过的，这是一个关于利益集团企图控制公共政策过程的问题，也是一个普遍存在的"谁受益谁付款"的人类活动问题。

2. **代议民主**。这是一个公民治理意愿是否应被选任代议者"过滤"的问题，也是这些选任官员的利益是否可以改变公共政策的过程，是否与大多数公民的愿望相背离的问题。

3. **个人知识**。选举产生的代议者通常既没有时间，也没有管理和监督的专业知识，他们很难做出理性的决策来指导公共项目的运作。在第 3 章中，我们已指出了个体知识局限性的问题。由于缺乏相应的知识，公民的偏好与公共服务的提供责任之间的必然联系被切断，这将会导致公共决策过程的危机。每隔一段时间，人们会发现，几乎没有什么问题比责任缺失更为严重了，由此会引起管理当局的重视，并采取零散的、以危机为驱动的措施，以重整濒于"破产"的、失控的政府。

从公民和公共职业者的角度看，如果管理当局的政策导向或代议制方式与大多数公民的意愿相悖，那么，代议制必定是失败的（这里所谓的大多数公民指的是愿意参与公共事务管理，并拥有公共事务管理知识的公民）。从根本上说，这首先是一个代理权问题。代理权是一个有效的概念，它可以用于思考、分析公民、代议者和公共职业者之间的责任链。

如果一个人决定亲自完成特定的工作，就不存在任何有关责任关系的问题，无 *113* 论他或她决定做什么、怎样做都没有什么关系。但是，如果他或她决定雇用别人来做这项工作的话，代理问题就产生了。凯瑟琳·艾森哈德（Kathleen Eisenhardt）曾写道：代理理论这一在经济学学科的知识假设基础上建构的思想，解释了"无处不在的代理关系，即一方（委托人）将工作委托给另一方（代理人）来完成"。根据艾森哈德的观点，有关委托—代理理论的一个核心问题是在如下情况中"产生的：（1）委托人和代理人的目标和意愿存在冲突；（2）委托人对代理人的实际工作无法确定或确定过程的成本过高。这里的问题就是，委托人不能确定代理人是否适当地实施了行动"（1989，58）。

代理理论有关人的假设源自于经济学理论。这些个体是追求自我利益的实现的，他们的理性是**有限的**，这意味着，在给定的条件下，他们不可能尽事皆知，同时他们努力规避风险（**逆向选择**）。经济学理论还假定，组织是由许多目标相互冲突的委托人和代理人组成的（Eisenhardt 1989，58）。自我利益驱动的雇员倾向于**逃避义务**，这就意味着他们极力逃避工作，或者违背雇主（委托人）的意愿，做委托人不愿他们做的事情。（这一有关雇员行为的描述与组织行为学中的 **X 理论**如出一辙。在 X 理论中，雇员因可能逃避工作而需受到严格监督。而与此截然不同的是**Y 理论**的假设，Y 理论认为雇员在适当的管理体制下可以自我激励，发奋工作。）因此，为了应对代理人可能逃避义务的行为，委托人需要对其进行监督，例如，设置层级节制的科层监督体系，组建独立的评价分级小组，建立目标设置和绩效结果测量系统，以及吸引来自组织外部的人员组成的委员会来监督其行为和绩效等。

114   在政府中，"公民即是委托人，而政治家是其代理人；政治家是委托人，而官僚们是其代理人；官僚体系中的上级长官是委托人，而下属是其代理人。整个政治体系就建立在一系列的委托和代理关系的链条之上……"（Moe 1984，765）。然而，职业公共行政管理者的责任无论是与其上司相比，还是与政治家相比，都相对比较薄弱。这其中一部分原因是，公共职业者要比他或她的上司更加了解他们自己的工作操守，而另一部分原因则是官僚在工作中的"懈怠"、不思进取的情绪，这表现在公共服务成本的最小化目标和官僚机构实际花费的差距上（Moe 1984，763）。

公共职业者作为公共选择观念中的公共服务提供者，他们试图保留这种知识上的差距，我们称之为"信息不对称"。这是因为，他们可以利用"懈怠"来实现个人的目的。这些目的也许包括对下属人员实施激励刺激，对他们的支持者给予"报偿"，购置新的技术设备等。官员的懈怠只是摧毁公共责任、推卸责任的一种方式，而另一种导致同样结果的重要方式则是这些职业者具有做某些事的愿望，但他们的官僚或专家上司却并不愿意他们做这些事情。这种情况通常以某种项目执行的形式来体现，即在执行过程中，项目往往服务于公共职业者的偏好，而不是那些代议者的偏好。

委托—代理理论这样的解释大大降低了代议制的责任压力，其实，这个责任既赋予给了那些代表公民的人，同时，也授予给了公民自身。代议者必须持续地寻求、发现广泛而典型的社区居民意愿，而居民也必须持续不断地监督代议者的行为，以确保他们的切身利益能够在公共政策制定和项目执行中得到反映。在本章的第一部分，我曾提出了这样一个问题，即"我们如何才能重新获得并保持责任感，以保证责任成为公民意愿和管理当局服务之间联系的纽带？"也就是说，我们怎样做才能更好地实现责任和民主原则？在采取变革行动时，我们是否能够保持理性？如果这些都做到了，代议制的责任压力自然会减轻，而社区生活的质量当然会得到提升。

读者一定会注意到，在过去数十年中，此类问题已被反复提及，但我们要在当今广阔的社会背景下重新复归过去的价值，这着实给管理当局增加了压力（参见第1章）。经常性相互冲突的公民需求增加了监督的成本，提高了公共服务的质量要

115   求，强化了公平对待所有公民群体的观念，扩展了公民的参与空间，这一切使得地方代议者的工作成为不断冲突、激烈争论的焦点。在现存体制中，仅仅被动地作为旁观者，单纯期望代议者鞠躬尽瘁来实现民意已经远远不够了。在地方治理中出现的一切问题、机会和变化，都足以让人们认真、批判性地思考代议者与其服务的大众之间的关系。

如果我们无法避免，那就让我们暂时接受代议制中的缺陷和失败，并逐步减少其发生频率。我们可以通过变革地方治理中委托人与代理人之间的责任关系，努力地实现民主、责任和理性原则，那样，代议制可能得以完善。在下面的部分中，我们将勾画出实现这一目标的可能途径。

4.4 常规政策与社区利益政策

本书的主题围绕着治理问题，试图重新定位公民、代议者和公共服务职业者之间的角色和作用。其核心的行动就是要将这三种力量联合起来，共同制定公共政策，也就是说，创造一个集体决定社区发展意愿以及执行公共项目方式的决策过程。在本章中，我已经详细描述了代议制失败的现象，并且指出，我们应通过改善治理结构，以促进自主治理，增强回应公民意愿的责任。

通过弱化民选代议者的作用，回归城镇公民大会或采取现代版的参与方式，例如"电子城镇会议"等网络化的公民联结途径，实施直接民主，可能是处理代议制责任负担问题的合理措施。本杰明·巴伯（Benjamin Barber）提出的"强势民主"观念，倡导公民积极投身于社区事务的讨论，消除因代议机构设置造成的藩篱，发展"无媒介的自主治理型的积极公民资格"（1984，261）。巴伯津津乐道的各种无媒介自主治理形式包括邻里会议、网络交流（已在许多地区付诸实施并发挥作用，*116*参见 Conte 1995）等。这种走向现代直接民主形式的发展趋势正好与公共行政理念中的**话语理论**（discourse theory）相吻合，在这里，代议者的作用正逐渐被参政公民直接参与政策制定过程所取代，不管他们是采用面对面的参与形式还是采取其他的参与方式（Fox and Miller 1995）。

在当代社区治理中，公民直接参与的意愿越来越清晰地凸显出来。然而，在今天，取消代议制治理机构的建议既不切实际也不符合人们的意愿。这种建议非但没有遵从历史传统，也不适宜地方政府的现有结构，更不符合现代城市管理的现实条件。无论一个社区是否承诺开放治理或允许公民对话，但既有问题依然在持续，以公民名义进行的日常管理依然存在。地方政府制度的发展历史展示了一个自然的演进过程，这就是从小型社区的直接民主逐步发展为大型的、复杂的代议制民主，当然，代议制民主也让公民参与各种地方政府管理活动变得困难了。倡导最大限度的公民自主决定是一回事，而处理日常需求、维持政府运行则是另外一回事。

可以说，那些主张从代议制转向公民驱动自治的倡导者，在很大程度上忽视了政府本身的存在，忽视了我们赖以履行公共服务职责的技术—理性机制的存在。他们在追求公民参政议政的过程中，似乎忽视了现实政策执行工作的烦琐性、成本性和复杂性。这些人主要对公共政策的"事前"阶段很感兴趣，也就是说，他们往往对界定问题以及决定该做什么部分非常关心。无疑，政策制定前的阶段的确非常重要，但治理过程则更加侧重公共政策制定的"事后"阶段，也就是执行那些枯燥但不可或缺的任务，如监督预算执行，在外包或采购物品和服务时做出决定，在与劳工协会磋商时把握原则，以及确定城市街道是否改扩建等。开放的治理体系和公民对话确实也非常重要，但它自身终究不能保持政策判断的一致性，也无法应对日复*117*一日、年复一年的日常政策执行。

为了在保证民主和责任原则的同时实现理性的连贯性，那些自称有权代表公众

74

进行公共管理的人，必须为日常的政策制定和执行行为负责。如果社区政府确实发展为公众意愿的代言人，那么，这些管理者就应该是公民，而不是职业者。在这样的思路中，人们不仅应以民选官员的角色发挥作用，而且，假如没有民选官员，那么，我们也许可以沿袭很久以前人们的做法，创造其应发挥的作用。治理过程就是这样一个场所，在其中，我们需要补充公民代议者来担当责任，并对高高在上的组织科层进行控制，以促使他们回应公众意愿，引导公共服务职业者的行为。

问题的关键就在于，我们应该如何明确代议者应履行的职责，并尽量避免代议制的失败。走出这个两难困境的出路之一就是改变管理当局的角色和作用，同时改变参与政策制定和执行的公民的角色和作用。目前，人们一致认为，无论是城市、县，还是学区或者其他特别区域，其管理当局始终是最重要的公共政策制定者和执行者。在一些特殊功能领域（如规划），当局可能将权力委托给董事会或委员会，或者他们也可能成立临时的委员会对有关重要问题进行研究。在大多数情况下，即便董事会在其中发挥了作用，但我们还是可以很清楚地看到，管理当局既负责政策的制定，也监督着政策的执行。与常规政策的制定相比，当管理当局承担起制定那些关系绝大部分社区利益的根本性政策时，代议制而不是公共决策的公民参与将成为问题的关键。当然，我们很难在"常规政策"和"社区利益政策"之间划出明确的界限，因为在特殊的背景之下，几乎所有事情都可能成为关系社区民众广泛利益的议题。在政府中，需要由公民参与决策的事情大部分属于常规性政策，其重要性局限于少数的公共服务职业者，有时局限于个体公民或某些公民群体。对于社区而

118 言，有关**社区利益**的政策具有广泛的内涵，

它涉及社区未来的重大变革和变革的结果。在第3章中，我们已经指出了这一从集中化治理走向公民委员会治理的变革，变革减轻了基层管理当局的常规决策压力，对于这些决策，管理者缺乏做出明智选择的技术知识。然而，最关键的变化是将社区利益政策的形成（"前期"部分）和执行（"后期"部分）的大部分责任从管理当局转移到公民组织中去。在此，我建议管理当局不该再作为社区利益政策的核心决策者，它应将界定和讨论政策的基本责任委托给公民委员会。出于合法的或资金的考虑，为了防止违反既定的政策目标，或者破坏必需的政策程序，管理当局在面对关乎社区利益的决策时，必须保留最后的决定权，以检视是否应对公民董事会或委员会做出的决定予以支持。

管理当局的新型角色极大地改变了政策责任，将其从负担过重的代议者那里转移到知情的公民手中。至此，我提出的建议仅从负面角度提出了管理当局角色的改变，即将管理当局的行动限制在最终的政策决定，以及公民治理主体不能恰当发挥作用的时候。那么，从积极的意义上，民选的社区代议者又该怎样担当新型的角色呢？

4.5 协调委员会

我们发现，在地方公共机构中，选举产生的管理当局已经陷入了代议制的困

境。进一步讲，由于代表公众意愿与将公众意愿转变为公共政策二者存在着重要的差异，因此代议制失败的潜在威胁不仅给代议者，也给公民造成了沉重负担。一旦在社区治理中出现致命的委托—代理问题，那么，这将导致决策偏离公众的直接意愿。在以往社区治理制度发展的三个时期中，管理当局演进经历了精英控制、过度民主和职业主义主导等观念的主宰，这些价值有时排斥公民的参与。这给社区治理结果留下了大量的、不可预期的变数。在公民治理时代，民选产生的核心治理主体必须遵从于民主和责任原则，因此，在治理的制度结构上，代议制的角色及其作用需要变革。

119

在第 3 章中，我们给出了公民委员会的概念，这个组织的出现使得管理当局的角色变迁进入了一个新阶段，公民委员会在许多公共服务供给领域承担起政策制定和执行的责任。在这里，我们将引入另一部分公民治理模式，我们称之为"社区协调委员会"。我们认为，管理当局即使不是在名义上，也应该在功能上改变为社区协调委员会。这一角色性的转变将使管理当局的功能从原有的核心决策主体成为公民参与、公共政策制定、政策或项目执行的协调人。

作为协调委员会，管理当局在确定关系到社区根本利益的政策时通常不能自作主张。相反，它们需要澄清政策议题，为公众创造条件，通过一定方式使公民充分了解信息和关注的问题，诸如欢迎公众参加到政策活动中来，与那些掌管权力的公共服务职业者一样参与政治、分享权力（参见 Fox and Miller 1995 就"保证"话语权的会议讨论问题，他们提倡密切相关的、符合民意的公众话语）；促进公民和行政机构的密切接触；通过仲裁相互竞争的利益做出最终决策，即在公民确定的偏好中进行选择，而不是按照自己的意志做出决定。

协调委员会应作为公民的代表机构存在，而不是伯肯（Burkean）所指的公众意愿的受托人，在公众缺席时可自由代替其做决定。该委员会的成员通过创造与维持公开对话和保证自主治理的方式，来表达公众的利益。这一话语权的实现并非一日之功，我们需要时间去形成这样的意识，并使其在公共政策议题上合法化，仅仅依靠纯粹的代议制作用无法达成上述目标。在今天，多阶段性的公民参与发展进程为此提供了许多例证。例如，在俄勒冈州，地方政府在制定实施州政府的强制规划方案时必须要求公民参与。在这里，首先由公民参与委员会负责审查重大政策议题，然后提交城市规划委员会，最后交由地方管理当局，这个方法和程序已经非常普遍地使用。在规划方案最后送达管理当局之前，公民已有时间和机会充分知晓信息，积极参与，由此对代议者形成强有力的压力，使他们不得不尊重民众的感受和意愿。

120

与之形成鲜明对照的是，在有些未能实现多阶段对话机会的地区，人们普遍采取一种倒置的途径来获得政治上的接纳，在这里，地方管理当局抵制公民潜在的决策，它们要么将议程交由现存的委员会，要么组建一个特别的研究小组来做出决定，这样做不仅延缓了行动，而且降低了公众的热情，削弱了责任的分担。这种倒置的决策过程决定了政策制定的适当水平（规模原则），并以"落后"的方式提供了民主治理、责任与理性原则。它允许民主的自主决定，仅仅是因为环境要求管理当局必须这么做，而不是因为它们认为这样做是对的。

通过改变管理当局的角色与作用，使之由社区利益的决策中心转变为公民参与和自主决定的协调人，这最终定会导致地方宪章或者州宪法的调整。首先，依托一个有步骤的渐进发展的分权体系的支持（该分权体系涉及特定社区相关利益政策制定的权责分享），新的治理模式应该是能够实现的。经过一段时间的成功试验之后，可以通过一定形式的行动付诸正式的实践。当然，这个过程不会是一帆风顺、轻而易举的，许多选任官员不会自愿放弃手中的控制权。但是，他们会得到保证，协调委员会不需要他们放弃最终的政策决定责任，协调委员会的目标是在根本的公共政策事务上鼓励开放与真诚的公民参与。

121　　在那些彻底实现了管理当局作为协调委员会理念的社区里，许多常规的政策制定和执行工作受到公民委员会的监督，委员们在一些功能性领域同民众和公共服务职业者一起工作。所有涉及社区利益的事务都通过社区公共治理体系进行彻底、公开的讨论，保证公民真正加入到决定社区未来发展的决策过程中来。管理当局不再承担由代议制失败而带来的责任，而是把相关事务分别转移给内部公民团体、外部公民参与组织和行政管理机构。只有在各种利益出现冲突需要斡旋的时候，管理当局才做出最终决策；只有决策过程需要公正和一致时，管理当局才进行监控并评估政策执行的成果。

在这种治理体系中，决策在"最低"层次上做出（规模原则），有可能为公民参与提供充分的机会（民主原则）。民选代议者会将更多的政策权交给公民团体，而他们自己的工作则更加侧重于协调和联合共同行动。他们要保证公民委员会时刻把最广泛的民众利益放在心上，而不会成为利益集团或公共服务职业者的代言人，从而保证了责任原则的实现。当公民花费心思和时间认真研究公共政策问题、仔细思考所在社区的发展前景时，但愿管理当局这种角色的转换以及与公民关系的改善能够促使他们做出更为理性的决策（理性原则）。

第 5 章

公共服务职业者

5.1 公共服务的背景

对于公共服务职业者来说，今天的社区政治环境是一种挑 *122* 战。诚如我们所见，职业者必须游走于既得利益的精英分子和民众参与政策制定的要求之间。他们必须在管理当局主导体系的代表性失灵与分权或公民主导体系的责任和理性的缺失之间寻找出路和平衡。与此同时，他们被要求向民选官员提供专业的咨询建议，表现出对他们的服从与尊重，在资源不断减少的情况下，他们还要提供有效率的公共服务日常管理，并向公民表现出令其愉悦的服务于顾客的态度。目前，在全国范围内出现的普遍不满政府的宏观环境，表现为一系列现象，诸如抵制税收、机构精简和裁员、私有化以及由各级政府政治领导人发起的对政府官僚的抨击。

如果按照我们在第 1 章中有关回归往昔价值的讨论，这些现象的出现并不令人惊奇。随着向地方主义、小而富有回应性政府的复归，以及专家从控制者走向职业咨询建议者的趋势，使得各级政府的公共官僚机构感受到了前所未有的压力，他们力求改 *123* 变。美国政府的规模和复杂性，使得我们很难对一个特定的机构或对某个具体的公共服务职业者，概括出这种变革影响的总体趋势。

在每一个地方政府组织中，公共服务职业者在某个有着特定公共政策或治理导向的社区中工作，就像我们在第 2 章所描述的那样：有的社区秉承了公民可进入或开放的治理系统，而有的社区则是排斥或封闭的治理体系；有的社区着重市场取向的价值，而有的社区则强调生活空间的价值；有的社区要求扩张政府的角色，而有的社区则要求对政府的作用进行限制；有的社区接受职业主义，而有的社区则反对职业主义。这些政策导向影响着公共服务职业者从事工作的方式，决定着他们为社区提供服务时的成功与否。很多在不同地方政府工作过的人们，已经发现在特定的社区中，这些不同政策倾向的影响作用，并目睹了这些政策倾向随时间推进而改变的趋势。

　　公共服务供给总体环境的复杂性，社区政策导向的变异性，以及社区和总体环境二者变化的速率，使得我们很难概括今天公共服务的性质。尽管如此，在当前的环境下，我们进行一些有意义的总结和概括，这对如何挑选职业者以保证其最好地服务于公众是有帮助的。这种总结和概括的基础建立于公共服务实践的历史以及它对职业者和民众的意义之上。随着我们在本章不断深入地探讨和认识公民治理观念中的职业者角色和作用，我们发现，社区治理的原则，以及根植于过去实践发展、并适应于未来发展愿望的职业化实践历程变得非常明确。

5.2　公共服务职业者的演进

　　在早期的国家历史里，并不存在着提供社区服务的行政机构。在多数情况下，个人可以自我服务；在需要集体行动时，公民或公民组织的志愿者自愿贡献他们的时间，或者只需对他们的努力付很少的报酬。在典型的新英格兰地区，人们在每年的城镇会议上，由邻里选举公民来完成以下任务：维护和平秩序，赶回不驯的牲畜，维修道路，征集税款以及满足其他的社区需要等（Cook 1976，23-62）。

　　整个 18 世纪及 19 世纪早期，这样的现象已经变得十分普遍：承担这些公共事务的公民能够获取足够的酬劳，而非像过去那样仅仅基于一种责任感来开展工作。渐渐地，随着城市的扩大，工作的数量和复杂程度已使志愿者和兼职工作人员难以应对，在这种情况下，正式的组织机构开始出现了，它们提供消防、警务、公共卫生、基础设施、学校以及一些其他服务。这段历史也表现了解决问题的技术方法的改变，即通过培训和接受职业锻炼，或者通过处理偶发的腐败事件及资源匮乏问题，志愿者逐渐过渡为专业人才。在今天，我们期待着地方公共行政机构拥有技术能力和效率。在整个 20 世纪，地方公共机构已经发展为我们所熟悉的高度组织化的官僚机构，这个机构兼专业知识、经验和资金于一身，以便履行组织的使命。

　　目前，由专业的公共服务职业者担任的职务，是由早期公民志愿者基于社区公益工作发展而来的。全职地、训练有素地奉献于公共服务是社区活动的一种模式，这种模式是经过了长达一个多世纪的艰难、反复试错的过程而缓慢发展起来的。尽管地方公共服务职业者的角色是从公民志愿者发展而来的，但在当代，由于公共治

理的复杂性，以及该角色的全职性质，因此，职业者现在和以后将永远区别于公民
了。库珀（Cooper 1984，307）指出，公共行政管理者的"伦理身份认同"（the
ethical identity）是"作为我们其中一员的公民，他们被选出来为我们服务；他们
是职业化的公民，注定去做那些在复杂且又大规模的政治社区中，我们无法独自完
成的工作"。

这种观点认可了公民与公共专家之间内在的演进联系，它同时也反映了 20 世
纪的一种倾向（参见第 2 章，原书第 35 页），即把公共服务工作从公民那里分离出
来，使它成为公共职业者们的职责。这在很大程度上与国家层次上的政府治理相关
联，其机构规模庞大，远离于公民的责任，这常常使得公民与公共专家之间直接的
联系变得不切实际。在地方治理层次上，组织规模相对较少受限于公民的角色。这
样，职业者并不要作为代理人来代替公民行动，而应成为公民直接行为的促进者。

125

5.3　公共服务的角色

社区治理制度正在发生变化，正由职业化、科学行政的主导观念，向公民自主
决定的主导观念转变。对于公民对政府的期望来说，这只是全国范围内长期变革的
一部分，我们将其界定为回归往昔价值。这种长期的变化对职业者的影响十分重
大，尽管在某种程度上，变化受到日常服务项目提供状况的现实限制，如维修街
道、调查犯罪、修建公园等。但除了一些技术方面的进步（如铺路机器、高端刑事
侦查设备和电脑等）之外，大部分公共工作的日常绩效与过去的状况相差无几。

随着周边宏观层次政治、经济环境的变化——这意味着，对成本效率和对公民
偏好的回应性要求与日俱增——推动了职业者必须用新方法来探求老任务的完成。
尽管职业者面对的工作与以往没什么不同，但该做什么以及如何筹措、使用资金的
决定过程却大为不同了。现在的决策过程包含了对话、审慎考虑和斡旋磋商，这就
要求职业者具备人与人之间的沟通技巧和行政管理技能，看起来，这好像与提供公
共服务的技术工作没有什么直接关系。

时下，我们在这种背景下对公共服务职业者角色的理解，不是完全来自即日或
不久前的事件，而是来自社区治理的历史。这种理解包括公共服务职业者的**角色构
成**（role frame）的范围（Schon 1983，309-314），即他们必须履行的社区工作的
基础职责，以及接受指导、监督和评估的义务。指导、监督和评估公共服务职业者
的人群包括：有利益关系的公民及公民团体、经济或政治领导者（**精英**）、专业同
僚和同事等。这就是对职业者的**角色设定**（role set）。随着时间的推移，这些人群
会对职业者发展设立"角色期望"绩效，即当他们认为有必要改进绩效或改变角色
时，就会提出反馈意见。

126

在全国范围内，我们对公共服务职业者在社区中的角色和作用的理解，必然是
广泛而富有弹性的，我们应允许地方做出权变，考虑个人选择和职业上的特殊性。
社区治理制度必须随时间推进而有所改变，这是因为，目前有关职业者角色的观

点，在应对 19 世纪 20 年代或 30 年代的挑战时很有意义，但当我们进入 21 世纪时，这种界定就会不合时宜了。

除了公共服务职业者的角色会有长期又广泛的转变之外，地方政治状况也需进行迅速转变，进而引导社区政策导向的可变性（如开放的、可进入的还是封闭的治理体系，注重市场价值还是注重生活空间价值，大政府还是职权有限的政府，以及对职业主义的态度）。随着政策导向的改变，公共专家的预期也会随之改变。尽管职业者在确定他们的角色时，选择的范围十分有限，但每个职业者可以在众多的方法中进行选择，从而对他或她的预期要求产生回应。

一个例子是，在市议会选择城市经理时，地方的角色期待对职业者的影响。萨尔茨坦（Saltzstein 1974）、弗伦特杰和库尼汉（Flentje and Counihan 1984）发现，当一位强悍的管理者离职或被解雇后，市议会常常会雇用一位相对软弱和顺从的城市经理。在以软弱的城市经理取代强悍者的过程中，市镇议会常常会雇用一位在专业上并非权威的城市经理，或是一位来自某组织的内部的非职业化的城市经理，他或她被人熟知并且易于控制。我们发现，经过较长一段时间，国家层次的政治在保守党与自由党或共和党与民主党执政之间变动，与此类似，地方政府在对待职业主义的态度上也经历着这样的循环，而这将对公共行政管理者产生相当大的影响。

换一种方式来考虑一位特定的公共服务职业者的角色，那就是设想一下他或她的"自由裁量范围"，即一个被限定的采取可能行动的区域。每一个由职业者承担的公共机构职位，都包含着角色的自由裁量范围。大多数处于角色设定的人都会发现，在这种裁量范围内采取行动是职业者角色符合逻辑与令人满意的一部分。自由裁量范围往往基于某个较大领域中的可能的行动，而对于角色设定而言，这些行动不一定适合于特定的职业者角色。尽管职业者日常活动保持在自由裁量的范围内，然而，民众、代议者和职业者同行也许并不总是认同职业者所做的事情，但他们相信，他或她的行动，是他们期望充当这个具体角色的人应该做的。

如果职业者采取的行动超出了自由裁量范围，或他们虽然在范围中，但却达不到期望的要求，那么，负责角色设定的成员们就会关注此事，并且会求证职业者的工作绩效。超出自由裁量范围的行动主要包括：对通常由上级或民选代议者处理的问题做出决定；用令上级或代议者倍感威胁的方式与民众直接协作；或在公民和代议者充分讨论和考虑之前，就强烈支持某种观点或计划。随着时间的推移，职业者角色的自由裁量范围会改变，变大或变小。由于负责角色设定的人员的更迭、社区应对的问题和挑战的变化、角色设定者对职业者行动的不同回应以及职业者要求重新明确角色的内容等因素，都将导致自由裁量范围的变化。

为了完成我主持的研究项目的一部分，我进行了一次访谈，一位社区规划主管描述了他对自由裁量范围的心理映像。他将其看作是"球与链"（ball and chain）。球作为政治的重心，链的末端则与他的脚踝相连。对于他来讲，这并非一个消极的比喻。他很有思想，他需要花精力来计算由链的长度所划定的自由裁量范围。他感到，在裁量范围内有许多"漫步的空间"，或是行动的自由，而且，他在试图扩展这一范围时非常审慎。当他认为有必要采取某种看起来会超越裁量范围的行动，即对现有的实践会造成重要改变的行动时，他会与负责角色设定的成员讨论他的观点，观察他们会在多大程度上接纳他的观点。他试图在角色设定者的想法中融入这样的观点，那样，他们就可以持有这些观点，并把关注焦点从规划者身上转移出来。

5.4 职业者的目标

多种多样的个人动机和一些实质性的目标影响着职业者与民众在角色设定方面的关系。公共服务职业者的行为受到公共政策、治理偏好和个人动机等一系列因素的激励，这样，他们的行为实际上就像在公共行政管理领域活动的民众的行为一样复杂和多变。地方公共行政机构在不同的实践领域有其特有的实质目标，如警察工作中注重法律与秩序、社会工作中注重提高经济上处于弱势的人群的生活水平等。尽管工作性质存在着复杂性，但我们仍然可以识别职业者和角色设定之间的关系角度与实质。这些维度往往跨越职业界限，并显示出对公共行政领域的广泛兴趣。在我们讨论这些关系角度之前，我们应该首先考虑职业者个体对个人职业行为风险所做的计算。

个人动机

在某种程度上，职业者能够被激励是出于对其个人的考虑，如职业发展或者经济安全。这些看起来似乎纯粹是私人的、个人的事情，但实际上，专业工作部门的决策却经常受到个人考虑的影响。例如，我们设想，两位警察面临着一项危险而困难的抉择。他们分别觉察到其他警员在街头拘捕嫌犯时过度地运用暴力手段。这两位警员深切地感到，应该将这样的行为向上级报告，类似行为才不会继续发生。但他们同样知道，将这种事件曝光的人会遭受一些同事各种各样的打击报复，因为这些人认为，警察们应团结起来并互相保护。于是，很容易发生下列情况：一名警察选择去报告事件，而另一名警察则选择沉默。在这种情况下，第一位警察持有这样的信念：个人在工作部门里遭遇潜在困难，与揭发过度暴力行为这一正确之举相比，是微不足道的。而第二位警察则认为，揭短显然是对同事的不忠诚，其结果要比不履行报告严重不良行为这一伦理义务严重得多。

另一个比较普遍的例子是有关社区公共服务职业者的，他们认为，在某一议题上畅所欲言，会威胁到他或她自身的工作生活。这通常涉及这样一种情况：职业者认为，一项决策制定必须基于理性及对该问题的专业知识，或决策应是有关社区发展历程的结果，然而，那些有影响力的人宁愿基于关乎其利益的要素来制定决策，而对公共投入熟视无睹。职业者就面对这样的选择，即是按照职业行为标准和操守来处理事情，还是出于保护个人职业地位及经济安全的愿望来行事。毫无疑问，正确的选择应是在专业上的正确决策，但人们预期，职业者在他们个人生活中只能承

129

受一定程度的风险和不确定性，而这是他们对公共服务进行承诺的结果。

在大多数时候，职业者的个人动机会与组织的要求不谋而合。但二者相悖时，职业者必须在风险与实现目标的价值之间进行计算和平衡。在一些情况下，有的职业者不会有意识地计算。但另一些情况下，他们会非常清晰地意识到压力和困难，这些压力要求他们决定他们自己认为做得十分正确的事情是否安全，或者是否要承担一定的风险。

价值中立

130　　　　当我们从个人动机转向实质性的专业性质考量时，一个很好的方式是从那些较少武断或者非常明显地与角色设定相关的实质性目标开始讨论。许多公共服务职业者认为，他们是中立的，是他人制定的政策最精通的执行者。中立职业者被假定为是"价值中立"的，因为他们不能决定做什么，只是决定怎样去做。中立价值的观念来自19世纪晚期及20世纪早期改革的推动，来自那一时期正在出现的城市工业社会所带来的挑战。

虽然在中立观念上明确缺乏价值取向，但根据推测，中立的职业者应该经常采纳经济与效率这对相互对应的价值，这是成功的社区治理长期可接受的目标（Stillman 1974，20-22）。尤其是在当前资源匮乏、政府公共服务接受公民监督的时代，经济和效率是职业者重要的目标。私有化、重塑与再造政府及其他类似的发展趋向，就是这些目标扩散的明显证据。尽管这些目标能够帮助职业者以更低的成本提供更好的公共服务，但是，如果职业者以丧失公民参与决策为代价来追逐这些目标的话，它们也可能取代其他目标，并对民主及责任原则产生影响。

在公共行政学中，我们常常引用伍德罗·威尔逊（Woodrow Wilson）在1887年写的一篇文章中的思想。那时他是一位大学教授，而且是处在雏形之中的现代公共行政学领域的带头人。威尔逊主张，公共管理应采用"科学"的方法，实现政策制定过程与政策执行过程更大程度的分离。正如德怀特·沃尔多（Dwight Waldo 1981，65）评价的那样，"政治—行政"的关系是公共行政学思考和论著的重点，同时也是许多公共服务职业者每日工作生活的重要部分，任何一个相关的公共行政者角色的研究领域，势必将其纳入视野。

现在我们知道了中立价值的职业模型不可能完全解释公共服务供给中的现实。
131　这是因为，即使不是绝大多数，也还是有很多职业者不仅执行公共政策，而且参与制定了公共政策。然而，即便如此，中立的思想仍与以公民而不是职业专家为主导的民主治理意涵十分相称，这种意涵深深扎根于美国的政治文化中。正是由于这个原因，我们才保留了描述这一思想最有力的方法，这就是，即便公共职业者与公民或代议者截然不同，职业者与公民和代议者一样也都是政策创设过程的一部分。

在20世纪后半期，关于公共专家角色的"公共选择"理论已经广为人知。它倡导职业者的政策中立，但它尤其强调对官僚进行控制。公共选择理论指出，公共专家是代议者和公民的"代理人"，而代议者和公民能够决定政策，但自己不能参加政策执行过程。"公共选择"这一术语，不是意味着决策选择是公众在一起审慎讨论公共政策议题情况下做出的。恰恰相反，根据个人偏好和自我利益为核心的基本经济假定，公共选择意味着，个体化的公民对于政策或政治候选人的选择是聚合在一起（通过投票）来决定大多数人的意愿。

公共选择理论家们将公共部门完全视为是另一种市场，在私人领域人们交换的媒介是金钱，而在公共部门交换的则是选票（Downs 1957）。尽管我们大多数人认为，公共服务领域中个人的动机与私营部门有所不同，但公共选择理论家则认为其区别不大。因此，"当个人作为消费者、工人或投资人进行决策时，个体的行为是被个人成本收益激励的；那么，当此人在投票所、议会厅或官僚机构的会议室进行决策时，他或她也将受到个人成本收益的激励"（Johnson 1991，13）。

公共选择对常任的公共服务职业者的看法并非哗众取宠。公共选择理论家倾向于把他们看作是"追求预算最大化者"，他们致力于扩大自己部门的规模，从而他们可以拥有更丰厚的收入、更宽敞的办公室、更好的福利及其他对他们个人有价值的东西（Niskanen 1971；1991）。为了避免这一问题，理想的公共雇员应当作为民选代议者的代理人来发挥作用。这种关于职业者角色的观点与 20 世纪八九十年代 *132* 的反政府情绪一致。我们可以将其视为向小而高效的政府的复归运动，例如，进行私有化，或在政府中运用私营部门的管理技术，全面质量管理、顾客服务导向、绩效薪酬、"重塑"和"再造"等都是借用私人领域管理技术的经典例子。

管理上的时髦和风尚在公共行政中并不罕见。公共部门经常在一段时期内输入私营部门的观点，过后要么摒弃它们，要么将它们中的一部分进行改进，以适应公共组织独一无二的环境。诸如方案—计划—预算（PPB）、目标管理（MBO）、零基预算（ZBB）和质量圈等管理技术，都属于此类。在 20 世纪后 20 年，经济的或私营部门关于组织目标和管理的观念对公共行政产生了重要冲击，并促成了公众对政府态度的总体环境，它们有望在 21 世纪继续影响公共行政实践。

矛盾的是，在公共部门中运用经济观念，同时也对公共服务职业者产生这样的要求：打破他们的官僚限制，像经营私营企业那样来管理公共事业，他们应表现得像"企业家"，而不是受到严密控制的代理人。即要求这些公共企业家像公司执行官那样工作，为他们的组织寻求"参与一把的机会"（Osborne and Gaebler 1993，200），为此，他们要介入公私合伙关系，或者介入购物中心、高尔夫球场、酒店、会议中心等类似私营部门的典型风险投资活动。公共机构有能力限制和管理土地的开放和使用，为发展设立特殊的保税区域，出售债券来筹集发展资金，这些能力都允许它进入市场，创造出用于社区优化或新企业投资的剩余资源。

对于那些试图模仿私营部门行为的公共专家来讲，他们必须借鉴私营部门同行的一些特征，如"自治，对未来的个人愿景，保密和承担风险"（Terry 1993， *133* 393）。这并不是传统意义上美国人期望公共专家或公共部门拥有的。混合公共与私营部门以及要求"像经营企业一样来运转政府"的动力，忽略了这两个部门在价值与目的之间存在的鸿沟。毫无疑问，优秀的公共管理者会想方设法寻求提高公共服务供给效率的方式，而且永远会这样。但如果道路偏离太远，即像经营企业那样来运转政府，会威胁到民主和责任原则。因为，为了追求效率和经济利润最大化，公共机构和职业者们会独自采取行动，而不是让公民参与决定社区的未来，结果导致无法服务于公民的价值和目的。最终，我们会面对这样的问题，社区居民要么作为高效供给服务的消费者，要么是作为决定他们社区命运的公民。

有一种危险伴随着传统改革时代的中立模式和政策制定与执行的二分论。这个危险就是一种倾向，即职业者抵制价值转移，也就是他们通过使民选代议者和公民尽可能远离其工作的方式，拒绝向我们在本书中提到的往昔价值回归。训练有素的职业者可能会认为，他们的工作远非一般公民能够理解。如果公民提出疑问，要求在公共项目的决策过程中分享权力，均被他们视为妨碍公务或浪费时间。职业者阻止公民参与社区治理项目的要求，是因为他们常常把公民自治看作是对政治与行政二分原则的侵犯。

在政府中，官员抵制非职业人员侵入行政事务管理或微观管理的情形十分常见，尽管在目前向早期以公民为主导的治理价值回归的大环境下，这种抵制已经变得难以为继。虽然我们应该意识到，公民参与公共事务管理的过程必然会受到专业方法和法律正当程序的制约，但是把公民及其代表推离政府管理过程则违背了民主和责任原则。

合法性

134 　　有一种怀疑论调，质疑"波浪形改革过程中的下旋运动"趋势，质疑政府改革以及缩小规模和进行控制等努力的结果，这一论调的方法就是提升公共行政的地位。依照这种观点，公共专家而不是民选代议者和公民的代理人，成为政府"合法的"一部分，他们在公共政策形成和执行过程中与立法者和公民拥有大致同等的地位。合法性意味着，在公共治理上给公共服务职业者更大的自治权，而且这也已经成为公共行政论著中一个重要的模式。

　　那些将提升合法性作为公共行政管理目标的期望，把关注的焦点放在国家层次的政府组织上。合法性的核心问题是公共行政与宪法之间的关系，以及公共行政在初建阶段的性质（Rohr 1986，1993；Spicer and Terry 1993；Stivers 1993；Wamsley et al. 1987）。尽管人们对什么是合法性尚存疑问（Warren 1993，250–252），但是，一个具有合法性的公共行政管理似乎应该是受到公众尊重的体系，它享有更多的控制权与权威性，以及拥有比现在行动更独立的自由裁量权，同时，它在与民选领导者和其他政府机构的互动关系中，被赋予某种同等的合作地位。

　　合法性之所以看起来是一个好的思路，这是因为，现代社会的复杂性往往导致政治领导治理能力的无效，另外，由于无知或冷漠，公民丧失了履行其公民资格责任的能力。如果上述情况属实，那么，公共专家们的专业经历很可能被用于把政府从困境中解救出来。当合法性的应用达到其逻辑极限时，对合法性的探求也许会使对行政官员阶层的保护达到顶峰，这些行政官员负责决策，他们坚信，公民的选择不会、也不能造就合法的能力（Fox and Cochran 1990）。

由于美国基本政治价值取向的缘故，职业者角色合法性模式的影响力似乎一直很小。有关职业者应在决策过程中拥有更为重要地位的期盼，或许会缓解民众以往的一些情绪，这些民众曾因官僚备受责难或者保守主义观念的宣传而对官僚充满了激愤。对公共专家来说，诉求更大"合法性"所面对的问题在于大多数美国人不会简单地接受它。我们生活在一个对政府持有极大怀疑的时代，在得出这一结论时，没有必要描述这个时代的特征。在任何时候，美国人面对强大而又独立的行政管理阶层持有的思想时，总是提出这样的问题："如果我们必须拥有它，它能给我们带来什么？""为什么我们期待这些人会比我们的政治家或极权主义国家的官僚们做得更'好'呢？""我为什么要把自己必须决定社区命运的能力出让给一个不负责任的技术集团呢？"

如同职业者抵制公民自主治理一样，合法性理论陷入了同样的困境。它与回归往昔的三个价值相对立，并且会违背民主原则和责任原则。如果地方公共行政管理的目的是帮助民众创造他们想要的社区的话，那么，这就要求他们与那些合法地"拥有"社区的民众享有同等地位，这样，几乎不会引发公民的反对。公共服务职业者需要成为现成的专家，帮助公民实现他们将来社区的愿景，正如查尔斯·古德塞尔（Charles Goodsell）所陈述的那样：

> 仅就我们所知，我们的专业知识一定不能成为技术自负和傲慢的源泉。我们政府的责任与权威永远不能发展为自我中心主义，即拒绝接受任何反对思想或批评意见……我们应该永远尽可能多地与那些影响我们工作的民众保持公开而真诚的对话，而这也是我们工作不可或缺的一部分。（1996，49）

发展与可持续性

对许多公共专家来说，是否运用一定技能促进"经济发展"已经成为一个日益迫切的压力，而经济发展作为一个实践领域，其技术主要涉及能否保证社区对新的和不断扩展的企业具有吸引力。经济发展的目标与第 2 章讨论的增长机器现象在概念上存在着联系。在增长机器导向中，精英们从土地投机和开发中获益，这样就导致了社区之间为获得经济优势而相互竞争。对职业者来说，将他们的角色定位与实质性的经济发展目标相联系，实际上是有利于他们的职业生涯的。通过促进经济发展的做法，他们帮助了经济精英，并使自身高度的"可市场化"，他们更有能力在其他地方谋得更好的工作，得以晋升或获得更好的职业发展机会。在过去的大约十年中，十分明显的是，对经济发展的高度强调成为招募特殊公共管理人才广告的关键内容，诸如社区规划、社区发展和城市经理等职位的招募广告，对经济发展能力的要求尤其突出。

然而，环境保护或社区可持续发展的根本目标与经济发展目标是直接相悖的。那些基于"培育人、社区和环境的质量"（Nelson and Weschler 1996，13）理念而采取行动的职业者，同时承担着反对美国社区大部分政治内涵的任务。在社区决策和那些从物质和经济增长中获利的强势人群之间，存在着非常牢固的联系。我们有许多社区职业者，他们通过完成公园管理、社会服务和经济改善等工作，来实现这一经济目标，因为这些工作都能够增强地方经济的实力，并增加地方民众的雇佣数量。然而，职业者并不常有机会把社区作为一个综合的系统来进行评价，这样，如果管理得当的话，经济发展一方面可以满足人们的需要，另一方面则可以为子孙后代着想，在开发、使用土地和其他资源的时候，运用可行的方法，保护社区的生产能力和真正美好的环境。

社会公平

公共行政学者和职业者对社会公平目标的关注，源于20世纪60年代的一种信念，这种信念认为，由于社会等级和经济地位的悬殊，美国社会已经相当危险了。

137 在美国城市中发生的反文化革命、种族骚乱和反越战运动等都是明证，即社会运行机制和领导人的自我决定造成了严重的财富和机会的不公平，因此，必须通过激进的行动予以改变。

一些公共行政学者对这些状况的回应是，他们建议，应该普遍改变公共专家与其政务官上级和社会的关系。根据德怀特·沃尔多的观点，这些建议包括，建立以**顾客为中心的**或**街区层次**的服务体系，以减少对公民服务的官僚性障碍，在管理公共项目中，强调顾客的参与，并创建一个**具有代表性的**公共官僚组织，就这个意义而言，公共专家在涉及地域、阶层、种族或其他此类要素上（1981，95-96），与所有公民没有什么区别。

这些思想为人们所熟知，它就是**新公共行政**。在某种程度上，如果一个人相信，现存的政治结构和领导者会以牺牲弱者和无权无势者的利益为代价，来关照富者和当权者，那么，新公共行政者就认为，将决策重点从民选代议者转向街区官僚和他们的顾客是符合逻辑的。当然，这无疑令那些民选代议者，以及那些把民选代议者看作是代表公民进行治理的正直而合法的权力中心的人们感觉受到威胁。在维克多·汤普森（Victor Thompson）所著的《没有同情或狂热》（*Without Sympathy or Enthusiasm*）一书中，他发现，新公共行政的假定前提是，"一些人用一种最令人惊异的努力去确定一个新的权利要求者［对公共权力而言］来取代所有者（换句话说，就是取代公众）。这是一种厚颜无耻的'窃取'民主主权的行为"（1975，66）。

增进公民的话语权

对于那些不愿意倡导某一个特定的政策结果，但却相信民主原则的职业者来
138 说，一个适当的目标就是鼓励开放式的公共话语和决策过程（这个目标的确定基于"帮助者"的角色，我们将在随后的部分加以讨论）。追求这个目标并不是消极的或

者是避免风险的，因为，这一措施本身就带有双重风险：一是精英们的报复性行为，二是公民们选择政策的结果可能遭到职业者的强烈反对。为了实现公民自我决定的目标而采取的行动，可能取决于我们在第 3 章中描述的批判理论的概念基础，这些思想基础包括启智公民，赋予他们学习和运用知识的机会。这是一条通向"解放"的道路，因为，公民拥有了一种必需的工具，从而可以对决定社区的未来发挥关键作用。

在公共行政领域中，读者也许会思考职业者其他的目标。根据本书的写作意图，我们所要讨论的目标是要为思考职业者不同的角色类型提供良好的依据，以此了解职业者在日常工作中体现的各种角色。

5.5　职业者的三种角色类型

在本章前些部分，我们讨论了一些与公共服务职业者角色有关的概念，其中包括角色背景、角色期望及自由裁量范围等。现在，我们提出一个整合这些概念的角色分类思想，这将有利于我们更方便地将分类应用于特定的情景中。公共行政学文献包含了很多有关公共职业者的角色分类方法，这些分类往往围绕各种各样的主题进行，例如职业者的动机，关注他们如何与公民进行互动；职业者的法定或宪法义务，关注他们如何组成机构并监督其雇员等。在本书中，我们特别关注职业者与公民和民选代议者之间的关系，以及他们参与公共政策的制定和执行的方式等问题。（有关公共行政角色的分类思想，一个出色的概述可参见 Kass and Catron 1990。）

职业者参与公共政策过程是我们讨论分类问题遵循的主线，这一分类方法将职业者角色描述为三类。一类是**执行者**角色：执行者角色是指处于一种"中立"地位的职业者，他们避免在政策形成过程中进行有实质影响的参与。另一类是**控制者**角色，包括了那些试图对政策过程结果产生影响的职业者。执行者和控制者处于我们所指的**试图作为影响公共政策的职业者角色**的两极。在连续体的两极间，可能还有无限多个中间点角色，但就我们的需要，我们只确定了一个角色，那就是**帮助者**（helper）的角色。帮助者通过为代议者解释公众意愿，向公民和代议者提供组织和技术的专业知识，以及对政策制定和执行进行监控，以保证公民有机会参与等方式，在政策制定和执行过程中发挥积极的作用。*139*

执行者角色的显著目标就是以职业的、胜任的方式，忠实地履行那些合法的政策决定，并避免直接参与公共政策而可能带来的潜在麻烦和风险。执行者可能对决策机关做出的关键议题的决定抱有强烈的不满情绪，但他们只能把这些情绪留给自己。一旦效率和效能的专业服务价值受到威胁，执行者将设法让一些适当的人听到他们的想法，但他们会避免到外面接受正式渠道的沟通。很多服务于公共机构的人都是执行者，或者是已经被观察到的执行者。通常，执行者被评价为是好同事，他们提供良好的服务，而且不会扰乱正常工作秩序或推动变革。但有时，当他们供职于要求有领导才能或创造能力的领导职位时，创新性和坚忍性的缺乏，可能会阻碍行政机关效能的提升。

控制者角色试图通过影响其上级或选任官员及公民的态度，来引导政策过程和结果。尽管我们知道，想要在政策制定和执行之间划出清晰的界限是不现实的，但是，控制者有时候使这两者之间的边界超出了其职业行为可以接受的范围。他们通过越级的方式，直接与高层组织的官员、民选代议者或公民进行接触，他们动员舆论或大众观点以偏向某一特定的政策，或是影响已经实施了的政策的结果。他们是

140 "真正的信仰者"，因为他们要为社区应该如何组织，公共行动的最终结果应该是什么等愿景而展开圣战。正是由于控制者角色，我们此前讨论的实质性目标才变得特别明显和特别重要。

控制者的行为无论是对他们自己，还是对社区来说都可能是危险的。对于我们这些研究公共行政的研究者来说，理解这一角色类型的行为非常重要。这是因为，它处于边界的位置上，这一边界就是在一个民主社会里，对于公共职业者而言，何种行为是可以接受的适当行为。控制者的行为可能是一个令人振奋的、有价值的、创新思想和政策的来源，但是，它也可能是对由公民和其代议者控制的公共治理模式的一种有力威胁，它将专家置于同民选官员一样的位置上，以某种方式引导公共舆论的形成，以便达成与控制者想法一致的社区未来愿景。

作为"帮助者"角色的职业者，通常对社区中某一特定公共政策的结果颇感兴趣，但他们关注的焦点在于引导决策和项目执行过程中的对话、协商和审慎思考。像控制者一样，帮助者有时也可能超越正常的组织层级，但他们这样做，是为了达成公民自我治理的目标，允许公民去选择他们所偏爱的实质性结果。在接下来的部分，我们将更多地关注帮助者的角色，因为它得到了公民治理模式的支持。

当然，执行者、帮助者、控制者都是"纯粹"的类型，我们给出这些概念，是为了说明它们影响政策意图形成的程度。而就一个具体的人而言，他或她则可能表现为几种类型的混合，也可能表现为在不同情形下由一种类型转变为另一种类型。与公民相关的，考察职业者角色行为的另一个重要维度是，跨越从政策影响角度划分为执行者—帮助者—控制者的角色分类方式。这就是职业者的愿望，即限制公民和民选代议者进入日常行政管理过程。我们很可能会看到，执行者像控制者一样试图限制公民参与进入行政管理的任务执行和运行过程中去，而帮助者也可能这样做。让"外边人"远离行政管理细节（例如有关人事、预算以及项目规划的具体决

141 策）的理由是，局外人不是专业人士，不能理解项目管理的技术事实，如果他们非要"闯入"专业行政活动，那么，只能引起行政管理的混乱、延迟和非理性。

将公民和代议者排除在行政管理活动之外会产生两个重要的问题，这两个问题我们也曾在第 3 章关于个人知识局限性的讨论中提出过。第一个问题是，由于缺乏管理知识，公民和代议者在政策制定和执行时，不能做出明智的决定，这将破坏合理性原则。

第二个问题是，如果公众或其代议者不能很好了解社区成员的事务，即它们是怎样被管理的，那么，将会存在行政自由裁量权被滥用的潜在危险。虽然公共专家的这些想法也许是善意的，但是，远离社区"所有者"的监督，可能会导致某些危

险的行为，这些行为实际上包含着将普通公民视为是古怪的、不合时宜的、不公正地偏向于某些特定集团或者缺乏能力的群体。此类行为一旦显露出来，就会出现在地方报纸的版面上，而在职业者自己看来，这些行为都是些无足轻重的小事。最近来自笔者所在社区的一系列例子有：为了把四轮驱动汽车用于私人用途而向城市经理付费；付给前任市长一大笔钱，目的是获得修建一条经过其地产的自来水管线的优先权；给一家公立医院的高级行政官发放了一笔数额不菲的奖金等。尽管表面看，这些事情都不大，但是类似的情况却让人们感觉到是一种滥用权力、傲慢和对公共纳税者价值与期望无动于衷的态度。

除了这些扰乱公众舆论的小事情外，有时候，一些严肃的、意义深远的行为也可能会被排斥在公众视野之外。这些行为包括有关经济增长规划的决策，例如应该由公众还是开发商支付新基础设施的投入；或者有关是否将资源的再分配决策应用到遇到麻烦的邻居身上（例如街道改造或提供警察、教育和给予单亲父母日间护理辅助等服务）；或有关与公共安全密切相关的决策，例如该在何处修建消防站及怎样雇用其工作人员等。把公众排除在重要的、涉及社区利益的政策事务之外，会割断责任链条，破坏责任性原则。

142

当然，也存在着这样的可能性，公民或代议者深陷于行政管理活动的细节，以至于他们确实妨碍了管理活动的有效性。当然，如果行政管理活动变得非专业化，那么，理性原则就会被破坏，而这种情况只有在公民或代议者获得决策信息不充分时才会发生。这是一个平衡的问题，关键在于是否找到有关职业者角色的恰当理解，使其角色要求能够在某一时间内，在一个既定的社区中同时符合理性原则和责任原则。

5.6 帮助者角色与"让渡"的悖论

与公共行政学领域中的其他人一样，我认为，把中立性或合法性的目标作为公共服务角色的首要导向已经不再有什么意义了（Adams et al. 1990；Box 1995a，1995b；Fox and Miller 1995）。这是因为，往昔的三种价值赖以存在的社会和政治环境把职业者置于这样一种情势下：

> 第一，专家通过对政策对话做出选择和求稳不冒险来维持生存；第二，只要在面对各种事件时尽可能长地坚持传统控制导向的管理模型，专家就可以与最新的变革周期相抗衡；第三，专家可以通过调和政策结果与职业理性关系的参与行动，融入变革和对话的潮流之中。（Box 1995b，89）

当我们讨论职业者的角色选择时，我们需要留意如何使用时间和变化的概念。从长期看，优先的职业者（perferred practitioner）角色将发生变化。随着我们从一个变革的、制度创建的和技术专业化的时代，进入公民自我治理的时代，他们现在 *143*

正在经历变化。这一运动伴随着公共服务职业者角色转型的压力。变革总是伴随着我们，而角色将会随着时间的推移而变化。

从短期看，个体职业者总是能根据特定的境况来选择自己的角色位置。在不同时间和变化的环境下，执行者、帮助者或控制者角色中的每一个都可能会在与公众、民选官员或同僚的互动中找到合适的位置。当一个职业者从事一个项目或负责一系列事件时，他或她或许会考虑当前情形下所期望的结果，也会考虑角色设定的成员对不同的行动选择做出反应的方式。这些想法决定了职业者的角色选择。

由于从长期看，角色具有变化性，而从短期看，角色具有灵活性的现实，我们必须承认公共服务所有可能的角色选择都具有重要性。然而，公民治理模型的主题正在改变，我们必须理解和适应社会发展的趋势和要求，这种趋势是社区治理的历史与特征的反映。我相信，当我们迈入 21 世纪这个公民治理时代之时，对于公共服务职业者来说，执行者和控制者角色依然会是有意义的选择。但我也相信，在我们思考职业者应如何服务于社区的时候，帮助者的角色将会变得最为重要。

如果我们不再强调对职业中立性或更大合法性的要求，那么，我们的任务就是要在公共服务职业者、公民和代议者之间建立更好的关系。问题在于，我们怎样才能把职业者在公共组织科层中不可避免的服从地位与他们在公共政策制定和执行中的积极作用结合起来。公共服务职业者地位的服从性是因为他们是政府雇员，是公众通过民选代议者而产生出来的代理人，而且民选代议者有权力辞退或替换职业者。我们不应当反抗这种地位，或试图以政策—行政的区分为理由，把自己封闭在这个世界里，我们需要寻求一个富有建设性的方法，使之成为正在进行的、激动人心的制度变革的一部分。

144 我之所以提出帮助者角色是公民治理的核心特征这个论点，基于以下逻辑，即从表层上看，这是一个排除的过程：在当前的形势下，仅仅充当执行者和控制者角色是不充分的，所以帮助者角色必须存在，它处于不同程度地影响政策制定和执行的连续体的中间位置。但是，公共服务职业者的帮助者角色并不是因为其他可能性被排除之后的无奈选择。相反，这是一个建立在批判理论和社区治理制度史基础上的角色模型。而所谓的社区治理制度史就是指公民努力寻求行政理性与公民自主决定之间平衡的历史。

公民治理模型明确认为，是政治的因素限制了公共行政管理内在的生态环境。我们意识到，社区职业者通常直接或间接地被那些握有政治权力的人所雇用，而这些人之所以拥有权力，是因为他们控制着私人市场。尽管我们的政治体系拥有部分的民主特性，允许一些公众参与政策过程，但是建立在权力和财富基础之上的精英控制的现实却是不可回避的。因为，公众通常不能意识到此类对政策过程的控制，他们既不能有效地参与到公共治理中去，也不能跳出他们所处的环境来评估变革的需要。

控制者角色成为重大变革的焦点，他们倡导诸如社会公正之类的实质性目标，而与控制者角色相比，帮助者角色则将目标设定在为促使有自觉意识的公众推动变革创造条件。这其中主要包括追求批判理论提出的目标，即启蒙公众，赋予他们参与政策对话的机会，从而授权他们或"解放"他们采取行动。以这样的方式，帮助者作为"推动者、教育者、共同参与者而不是顺从的专家或独立负责的决策者"（Adams et al. 1990，235-236）来发挥作用。他们"学习谦卑和尊重其他人的发展潜力，并在把权威和责任转移到公民手中时，抱有明显的自我限制态度"（Adams et al. 1990，236）。

帮助者不会追逐更大的权力、自治和认同。相反，他们会把相关知识和由此产生的决策权力，让渡给那些将受到这些决策影响的人们。而这种控制权的转移却并没有使社区职业者的效力下降，因为社区居民在从职业者那里得到充分信息后，他们就会理解政策议题，并坚持进行有意义的变革，这看似一个悖论。帮助者让渡的知识是历经几十年、几百年积累起来的关于社区治理实践的知识，这些知识是由所有那些为给社区创造一个更加美好未来的人们留下的。这是一笔丰富的遗产，留给了那些今天为社区治理制度变革而不断创新的人们。

让渡控制权和知识可能是一件十分困难的事情。很多职业者一直在接受着把他们自己和公众分离开来的训练，因为他们是专家，而公民只是"消费者"。公民除了得到最终的服务产品和必须交纳赋税及各种费用之外，他们对公共服务可谓一无所知。职业者运用这些"神秘而精通"（Schon 1983，229）的知识秘诀，来维持他们自己与他们的顾客之间的分离，对他们而言，要失去这种控制是可怕的。

对于帮助者角色而言，还有一些重大的风险存在。这种风险可以分为两类：一是帮助者可能会因挑起一些代议者或有权公民不喜欢的政治事件而受到惩罚或被解雇。二是公众可能不愿做职业者认为他们应该做的事情。一旦公民从职业者那里得到参与政策对话所需的信息，获得进入政策过程和采取某些有意义行动的通道，那么，公民可能会做出与公共专家支持的实质目标相左的选择，而正是公共专家使他们有能力做出选择。例如，公民可能会反对兴建公共房屋的计划，而职业者则可能考虑相关的社会公平问题。另一个例子是，一个由公民驱动的政策过程，可能会产生破坏环境的发展决策，而帮助公民分析各种选择并做出决定的职业者，则关注保护环境和可持续发展的实质目标。后一类风险是帮助者必须有心理准备去承担的，因为，解放就意味着授权给公民，让他们在完全了解各种可能性之后，允许他们做出自己的选择。如果真的这样做的话，就像库珀所说，公共职业者"在帮助人们掌握一定专门技能和知识的同时，他们还必须对拥护人民主权观念负责"（Cooper 1991，167）。

在这样一种情形下，即经济与政治精英的动机和利益与一般公众存在着根本不同时，帮助者发挥帮助公民发展有意义的公共对话的作用，可能尤其危险。公民可能不会意识到这种不同的存在，因为社区里是相对平静的；但是，如果公共职业者一旦向公民提供了理解环境、参与政策对话所必需的知识的话，精英们就会认为，公民和职业者都构成了对现有秩序的威胁（Box 1995a）。借助于这种做法，公共服务职业者不仅是管理当局的活跃部分，而且在治理过程中也变得异常积极。他们与公民的沟通成为治理制度的本质，这包括提供可行性的政策选择，帮助公民通过增强话语权来达成政策结果，而这种结果不仅为大多数人所接受，同时也尊重了弱势人群的利益。

　　本书讨论了正在演进之中的、公民治理下的职业者角色，他们拥有专门的知识，担负着特别的责任，这些责任要求他们不仅要服务于某一个人、某一个群体，或者基于职业者个人的经验和偏好，他们更要服务于那些提供开放的社区话语权机会的目标，这些话语权对于决定社区集体行动至关重要。我们应该认识到，每一种话语权机会都受到特定组织—政治—法律机制的限制，在其中，话语权机会总是存在着停止或被强权高压抑制的可能性，而这一演进中的帮助者角色，为自由开放的话语权获取提供了最好的机会，其目的就是为了满足社区治理的民主原则和理性原则。

第 6 章

公民治理

6.1　社区治理的原则

　　在第 1 章结尾，我谈到了本书要表达的思想，即我试图回答　*147*
这样一些问题："社区治理将面临哪些挑战？""我们应该采取哪
些措施来应对这些挑战？"本章给出的答案是一个包含了三个分
支的解决途径，即公民资格、选择服务和被称为公民治理的职业
训练。这一被设计为回应现时代社会和政治现实的研究途径，在
"回归往昔的三个价值"中也得到了体现，这三个价值分别是地
方主义、小而富有回应性的政府、作为顾问而不是控制者的公共
服务职业者。

　　尽管我在第 3 章至第 5 章分别提出了有关社区治理的具体建
议，但这并不意味着善治仅仅来自这些思想。恰恰相反，每一个
社区的公民都需仔细谋划其社区的未来发展，选择实现目标的实
践方法。博因顿和赖特（Boynton and Wright）就指出：

　　　　无论是学生，还是城市治理的职业者都应该停止对特定
　　政府形式教条式的迷信，相反，他们必须集中精力去关注那
　　些能够促进发展的机制，这些机制是城市社区领导力发展的
　　功能性前提，而不管这些东西应该叫做什么。（1971，35）　*148*

本书强力论证的主要观点是，努力找到一些最适合社区应用的社区治理原则（包括规模、民主、责任、理性等原则），以此作为社区治理的基本导向。如果我们只注意具体的解决方案，而忽视原则，那么，我们就会犯只见树木不见森林的错误。我们已经认识到，在三个传统价值和社区的政策导向下，社区治理面对的种种挑战。这些挑战就是如何在一个很难实现公民自主治理的政治背景下来满足不断增长的公民自主治理要求。

　　公民、民选官员和公共服务职业者想要在这种体制下取得成功，他们必须有一个关于社区发展思想和价值的清晰愿景，其中最重要的就是他们所期望的社区未来图景。社区治理原则得自于美国地方治理的历史和实践。这些原则本身并没有包含对某一实质性目标的偏好，但它们却可以帮助我们做出基于价值的目标抉择。尽管价值表现得比较宽泛，但是，它们却是塑造那些需要坚毅、勇气、灵活性和创造力的日常行动的有力工具。由这些原则塑造的社区可以由这些原则本身的内容予以展示。一个社区应该是这样一个场所：与好政策相一致的行动应在"最基层"展开；通过自由和开放的对话来实践决策；从公民到公共项目决策和执行之间的直接责任链清晰；公共决策过程被看作是一项极其重要的事情，需要经过深思熟虑。

　　应用这些原则绝非易事。我们说这个过程需要持之以恒，是因为长期目标常常迷失在日常解决问题的环境中。我们说这个过程需要灵活性和创造力，是因为没有一个最好的解决方案，人们必须在各种不同的观点之中期待、理解和工作。

149　　我们说成功地实施这些原则需要勇气，这或许是最重要的。正如我们在本书前几部分的讨论中看到的，我们倡导的观念在历史上一直颇有争议，而且可能永远是一些带有强烈感情的、争论不休的话题。对每一个参与社区治理的人，包括公民、代议者和职业者来说，提倡社区治理的原则会给他们带来一定的风险，例如从挫折沮丧到最后失去自己在社区中的位置。因此，我们决定是否追求这些原则，也就意味着，我们要决定这些原则所表达的价值取向的重要程度。正如斯蒂芬·贝利（Stephen K. Bailey）所述："或许在公共服务提供中，最大的勇气莫过于做出决定的勇气"（1964，242）。这种勇气源于"抱负、责任感，以及一种将不采取行动与采取行动看得一样痛苦的认知"（241）。公共组织中的懈怠常常源于小心谨慎或官僚组织庞大臃肿的本性。然而，"由于缺少道德勇气和意志而产生的责任推诿情况，则是高效与责任政府的天敌。源于勇气作决定而获得的内在满足感是实质性的，但是，对于那些对某一单独决策感到忿忿不平的人来说，弦和箭总以不变的方式发射，其感受也同样是实质性的"（242）。

　　作为总结性的一章，在这里，让我们一起回顾并进一步追寻我们前几章讨论的公民治理模型的主要特征。在最后，笔者会大致勾画和概括一些实践步骤，人们可以借此来实施公民治理模型。

6.2　社区的背景

　　理解地方公共机构的政治、社会和经济环境对于治理取得成果非常关键。公民、代议者和职业者都了解，他们在一个十分复杂而又充满变动的地方环境中工作，这些环境对政策的发展和执行影响明显。在第 2 章中，我们检视了一些方面的环境要素。在本章总结中，我力图在讨论中提升一些重要观点，这些观点对于那些参与社区日常事务管理的人尤其有价值。这成为一定社区政策导向下的有关社区政治环境的思想总和。 *150*

第一，我们已经确定**社区治理制度发展历史上的各个时代**，从前革命时期一直到当代，包括精英控制、民主、职业主义和公民治理。这是一部丰富而激动人心的历史，在这里，民众面对国家的日益强大而不断地探索着社区生活发展的道路，同时，力图保留自由与个人责任的价值。在初创时期，社区治理主要是那些经济状况良好，并且有时间参与管理的公民的领域。随着地方政府提供了更多的公共服务，很多公民志愿参与一些公共服务，例如治安警务、照顾需要帮助的人、养护和维修道路等。

19 世纪，政府结构变得更加复杂，同时对公民民主参与变得更加开放。由于存在着政党机器明显的低效和腐败，20 世纪，公民委员会逐步走向职业主义。伴随着现代官僚组织的增长，公民与日常治理工作分离开来，而后，我们又经历了一次公共舆论对官僚制和职业主义的反抗（波浪形改革过程中的下旋运动）。有证据表明，很多公民期望复归往昔的价值，如地方主义、小而富有回应性的政府、作为顾问而不是控制者的公共治理机构。

第二，美国社区治理发展历史的部分遗产就是，人们对**政府的范围和政府的结构**这一问题倍感兴趣。在美国，政府的范围永远是一个问题。从建国一开始，人们就想知道，到底是一个小政府（杰斐逊的观点），还是一个富有能量的庞大政府（汉密尔顿的观点）更好。美国人关于这个问题的冲突和紧张一直持续着，并且成为每一级政府公共辩论的主题。总统和国会的政治家们处理着政府的范围问题，州和地方政府的政治家也是如此。人们一方面谈论着削减、分权和民营化；另一方面 *151* 又担心这样对公共服务的提供和个人生活会产生影响。

在制宪时，人们关注的一个首要问题就是怎样设计政府组织结构，以促进有效的治理，同时保护个人的权利。宪法的奠基者们创造了一种权力制衡的组织，尽可能地减少每一个政府分支或者任何人、任何利益集团取得支配地位的机会。在地方层级，人们尝试了遍及国内历史的各种组织结构，他们这么做基于这样一个假设：组织结构是将价值变为实践的有效方法。简言之，人们相信组织结构会起作用。在今天的公民治理时代，人们期望建构一种组织结构以保证公民能够进入公共政策的制定和执行过程。这种期望的朝向是逐渐离开官僚的、科层的和集权化的组织结构，而这些结构是在 20 世纪被创造出来的，目的是实现公共服务的专业化目标。

第三，在过去的新英格兰小社区中，主要的公共决策由那些有资格参与城镇事务的公民来做出。他们在每年召开一次的城镇会议上聚集在一起，讨论并决定重要的事务，并从他们中间选出下一年履行城镇管理职能的人。但在现代大型社区中，这种决策方式已经行不通了。即便我们能把绝大部分民众聚集在一起，但恐怕也只有一小部分人会参加，他们并不具有代表所有公民的性质，况且在一整年中，重要的公共决策必须不断地做出，而不仅仅只有一次。

由于这些原因，我们发展了社区治理结构，它建立在一个由公民选出并代行决策的、相对小型化的治理机构基础上。这是一个为公众决策的有效方式，但大多数
152 方式可能失去了应有功能。今天，公共管理当局已经越来越远离公众意愿了，因为公民已经习惯于让别人来代替他们从事治理工作，还因为被选举出来的一小撮代议者并没有足够的知识来全方位地履行社区所有的公共服务职能，以及完成日常的管理活动。

在这种情况下，公共服务职业者们就不得不来填充公民和代议者留下的不足，即在很长时期内，职业者在决策上拥有等量齐观的决策地位，这些决策也许就是公民无法充分知情并且有机会自主决策的事务。在某种程度上，代议者们负责政策的形成，但他们却缺乏做出充分选择必备的知识，并且他们可能有选择地代表一部分人的观点和利益，而不是整个社区的观点和利益。这就是**代议制失败**的问题，即**代议民主**将公民与政策制定和执行过程分割开来，在其中嵌入了代议制的结构。

因此，社区承担了**代议制的负担**，因为代议制的结构给大多数公民强加了成本。这个成本包括公共政策没有反映民众意愿的程度等。在那些社区成员对代议制问题存在着严重分歧的地方，情势十分紧张，以至于代议制失败的现象已经明显显现，比如不定期地取消选举，事实上代议制负担已经成为一个严重的问题。而在其他一些地方，我们可以看到，如果公民有很多机会和途径来参与治理，那么，社区能够成为一个完全不同的生活场所。

第四，一些个人和集团会力图通过**控制政策的过程**来谋取自身的利益，这是一件很自然的事情。在政府仅仅提供少量且最低范围的基础性服务的地方，这种控制的欲望导致的问题相对较少。但是，当政府扩张到提供大量公共服务，并进入私人生活的很多领域时，也就提供了很多的控制机会。

在第 2 章，我们检视了关于谁应该控制社区公共决策过程的争论。我们发现，那些在一个地方拥有大量财富的人，在决定公共政策时掌控着重要的影响力。所以，我们可以预见，提供服务的管理当局将更好地代表企业和财产所有者们，而
153 且，企业和财产所有者们在设定社区进程时也以其他方式起着支配作用。在地方层次上，决策选择的领域是有限的，因为国家和州级的政府承担了很多公共政策和公共项目的管理责任。使用物化的资产，例如土地、建筑物、基础设施等，是地方经济和政治活动的基本领域，地方公民拥有重要的控制权，正因为如此，这些事务往往成为地方政治的关注点。

公民治理模型的问题在于，那些有影响力的人物在社区事务中声音响亮，操纵了公共政策议程，以至于一般的公民被排除在有意义的参与之外。这意味着，公民也许会感到他们完全被排斥了；即便他们被允许参与，但是他们会发现这样的参与只是一个"象征"，他们并没有被允许对公共行动产生实质性的影响。这当然违反了民主原则，并且形成了单面性的决策进程。

6.3　社区的政策导向

经过对社区治理发展时代的反思，包括政府的范围和结构，代议制的负担和政策过程的控制等，使得我们不禁要问：社区公共生活的特征是怎样影响政策制定和行政管理的日常工作的。公民治理模型给出的答案在社区政策导向中得以体现，即我们要选择一个容易进入的和公开的，还是封闭的和排他的治理体系；强调社区作为市场体系（交换价值），还是作为生活环境（使用价值）；我们需要一个庞大的，还是受到限制的政府，以及我们应该接受还是反对职业主义。

这四组相反的价值有助于我们理解公民、代议者和职业者可以获得的行动选择范围。当然，它们并非固定不变，也不相互排斥。因而，伴随着时间的推移，随着公共问题的推进或被解决，随着公众进入或退出公共对话，随着经济和人口状况的变化，社区政策导向也处于不断的变化之中。而且，在一个特定的社区中，一个观察者可能会发现一些出乎意料的政策导向组合，比如一个开放的治理体系与强调社区作为市场体系相伴，同时要求严格限制政府的作用，又赞同接受职业主义。

与此同时，这些导向也是某些价值观的反映，这些价值观往往在政策过程和政策结果中起支配作用。这并不意味着整个社区都赞成这些价值和政策导向。相反，人们对这些导向经常存在着激烈的争论和分歧，分裂常常出现在政治集团、政治与经济领导人或者广大民众之间。这些权力关系的平衡取决于哪个公民团体愿意投入必要的时间和努力来控制政策对话或者政策结果。

这些政策导向存在着很多潜在的组合，不同的组合对于个人生活和社区的未来都有巨大的影响。一个封闭的治理体系意味着公民想要参与决定社区未来的决策，但他们却受到了阻挠。如果政治与经济领导人将一个社区定位于市场体系导向，那么，这势必与要求把社区作为真正生活环境的大多数居民产生冲突。如果领导人的观点占有绝对优势，许多人会感到他们被剥夺了选择自己喜欢的社区的权利。

而对在一个封闭治理体系中工作的职业者来说，他们必须小心翼翼地对待公民参与，不能表现出对此的喜爱甚于那些领导人。他们必须使自身的行动适应封闭的环境，正如他们必须适应市场体系导向或者生活环境导向一样。这并不是说，他们不能通过工作来改变这些导向，而只是说，如果他们想留在这个组织的话，就必须修正自身的行为来适应当地的环境。

职业者会受到政治导向的深刻影响，这一政治导向设定了政府及其职业专家的角色和作用。职业者在一个把公共部门作为地方生活重要组成部分的地方工作，会非常不同于在另外一种环境下工作，后者力图限制或不突出政府的作用。在一个倾向于偏好理性、技术和职业化行政管理的地方工作，则会非常不同于在一个主张职业者不被看见和听见的地方工作。后者很少甚至不希望职业者介入公共政策对话，而期望职业者等待别人告诉他们做什么。

不论公民、代议者抑或职业者，他们受到社区政策导向影响的程度，取决于他们的个人价值观，以及他们对个人观点和社区主导政策导向之间分歧的忍耐力。例如，我认识一些地方政府的资深职业者，他们努力将政策导向设定为小型并且限制性的政府，辅之以谦恭而顺从的公共专家。我还认识一些职业者，他们生活在同样的环境下，但他们却觉得自己的才智被浪费了，自己的创造力受到了压抑。

一些制度设定是非常难以忍受的，只有具有非常复原力的职业者才能成功。例如，我在西部一个中等规模的社区中认识一位城市规划管理者，在地方议会选举之后，他的工作环境发生了显著的变化。这个社区可以视为是一个相对封闭的治理体系，市场体系导向，偏好于限制政府的作用，有时对公共职业主义持反对态度。然而，许多年来，地方管理当局一直由这样一群人主宰，他们对治理持有比较广泛而进步的态度，而不一定反映主流社区观点的真实价值。

但在选举之后，市议会被另一群人控制，这些人强烈希望降低城市公共专家的影响力，力图把政策从市场体系与生活环境均衡的导向转变为强势市场体系导向。这个群体更愿意使用那些倾向于支持他们观点的人来取代这个规划管理者，但是他们却无法实现这一点。于是，他们尽力让规划者知道，他们希望他在治理中扮演一个从属的角色。在一次市议会会议上，市长公然命令这个规划管理者根本不要理睬 **156** 那些在土地使用听证会上表达自己观点的公民。这个管理者被告知要向前看，而不要转过头去看那些说话的公民，因为他也许会对他们产生威胁。

这只是一个事件，也是在社区主导政策导向发生变化的情况下，一个职业者工作环境变化的表征。一直在同样一个环境中工作的职业者，可能不会经历这种负面的反应。对于一个已经习惯于非常喜爱的职业主义环境的人来说，这可能是一个沉重的打击，会导致严重的紧张和不满，以至于职业者可能从社区任职中退出，他们要么会打发时间，要么会去寻找其他工作。

总之，每个社区都有它一套独一无二的公共政策导向，它随着时间推移而变迁，并对公民、代议者和职业者的公共生活产生重大的影响。认识这些政策导向，可以帮助那些参与治理的人选择怎样去接近他们的角色，选择怎样采取实现目标的行动。社区政策导向不应被看作是防止特定行动的绝对限制条件，而是界定各种可能性，以及因公共政策过程中公民参与而发生变化的一个框架。

6.4 公民、代议者与职业者

社区公民资格

在第 3 章，我们讨论了一些关于公民资格的重要思想，其中包括**个人主义或古典自由**观点，以及**集体主义或古典共和主义**观点。这些观点不仅在国家创建时代是 **157** 非常重要的，而且在当今各个层次政府政治中的作用也非常显著。美国人非常关注保护个人的权利和自由免受政府的控制，但他们也在寻求社区的观念，即一个具有更大意图和追求集体公共行动的观念。

有关公民资格的观点反映在三种基本的公民资格角色与作用中，**即搭便车者、看门人和积极参与者**。搭便车者对社区事务知之甚少，也不打算参与社区管理事务，而是让别人作为他或她的代理人。看门人关注社区事情和政治，但只有当一些事情直接影响到他或者她的生活时，他们才会亲自参与管理。积极参与者则致力于主动参与公共生活，他们参加社区理事会或委员会，出席社区会议，在社区政策制定和执行中扮演重要角色。

公民治理模型试图帮助我们创建真正的公民自主治理。在社区中，创建公民自主治理需要关注公民参与的动力问题。那些**批判理论**使我们认识到，当社区存在着不同利益时，公众常常不能意识到公共政策过程以及该过程对他们生活的意涵。为了保证关于政策议题决策的高质量，公民必须能够拥有获取信息的途径，并且参与审慎的、深思熟虑的决策，这个过程是公开的、公民是受到欢迎的和充分知情的，在这里，每一个人的贡献都有价值，而不管其身份或地位如何。因为社区精英常常不希望这种类型的公开讨论发生，公共服务职业者必须决定，他们是应该遵从来自代议政府的指令，还是应该勇于承担一道与公民直接工作的风险，以推动公民治理的启智。

公民治理经常被代议者和公共专家看作是对他们利益的威胁。那些想要参与政策制定的公民，可能会被代议者视为对他们法定决策权威的干涉。那些想要参与项目执行决策的公民和代议者们，可能会被职业者视为是对微观管理的干预。然而，为了履行民主原则和责任原则，公民必须参与政策制定，代议者和公民必须参与政策执行。因为，公民、代议者或职业者在对公共服务作出明智的决策时，他们必然受到个人知识局限性（IKL）的影响。个人知识局限性要求参与治理的公民和执行公共服务管理的专家，必须理解职业者从事的日常工作的类型。个人知识局限性的思想势必要求我们履行规模原则，因为，在一个权威层次上，负责任的和理性的政策决定往往产生于贴近服务或项目提供的实际工作中。 *158*

在政府组织之外，公民资格意味着创造公民参与的结构，这个结构允许邻里居民参与那些影响他们利益的公共决策。在政府组织内，公民资格意味着组建持续发挥作用的**公民理事会和委员会**，负责有关公共项目的政策制定和执行，服从于作为地方管理当局的民选代议者的评估、纠正和批准。

社区代议制

由于政府组织的规模和复杂性，几乎所有的，哪怕是最小的社区也不得不采用**代议**的政府形式，而不是**直接民主**。一个民选代表可以选择作为民众的**代理人**，努力感知大多数公众的要求并据此来获得选票；或者他可以选择作为公共利益的**受托人**，发现界定社区发展有效的长期愿景的途径。

就如同管理当局的每一个成员决定他或她该怎样去代表公众一样，每一个管理当局也都有自己独一无二的特征。我们可以确定管理当局的三种基本类型，即代理人、倡导者和受托人。**作为代理人的管理当局**寻求执行大多数公众的意志；作为**倡**

导者的管理当局追求特定的政策目标；作为**受托人的管理当局**就将其自身的角色和作用看作是界定和执行广泛的公共利益。

159　　　只有在民选管理当局表现出其决策不符合公共利益的时候，"代议制失败"问题才会发生。失败之所以发生，是因为公共政策过程被特定的个人或集团所控制；还因为个人的知识局限，当管理当局的成员不具备足够的知识，而这些知识又是治理所预期必需的时候，责任和理性原则就会被违背。代议制失败的潜在可能性永远存在。尽管在特定的时间里，管理当局和公民之间的关系可能是健康的，但它也许会随着新问题的出现或者选举中组织和利益构成的改变而改变。代议制失败潜在的可能性意味着，存在着一种"代议制的负担"，这是一种表达现实情况的方式，即我们严重依赖一小部分人来代表整个社区的最大利益，对此，我们必须认真对待。

　　　创建公民委员会来实施服务监督功能，就将一部分负担从管理当局那里分离出来，扩大了公民参与政策制定和执行的基础。然而，权力的委托—代理问题依然存在。只要管理当局被看作是做出最重要决策的地方，代议制失败的问题就会一直存在。换言之，如果我们把有关社区服务的所有决策集中于一个机构，那么势必违反个人知识局限性思想以及责任和理性原则。如果一个代议者群体不能完全理解他们被要求决定的事情，那么他们的决策常常是不准确和不理性的，而且没有人会对产生的后果直接负责。同样，这样的情况经常发生在公共听证中，听证过程充满了各种决策议程，以至于公众几乎没有机会就提出的决策议案进行富有实质意义的对话。这样，管理当局集中了决策权力，这同样违背了民主原则。

　　　这个问题可以通过对**常规政策**与**社区利益政策**进行区分来解决。管理当局是作
160　出两种决策的适当地方：常规决策应由代议者而不是公共专家作出，但并不需要所有公民参与，诸如批准服务契约，或为雇员选择一项医疗保险方案，评估并最终批准公民理事会作出的决定等。这种评估可以被诉诸党派间的争论，或者仅仅成为政策制定过程的组成部分，在后者，管理当局优先来讨论重要的社区决策而不是批准。

　　　作为常规的决策者和公民行动的评估者，管理当局让渡了它对公共政策议程的有形控制。与坚持做公共利益的唯一解释者角色不同，他们将组建**社区协调委员会**这样的机构，也就是指导社区范围内的对话过程，并指导影响社区公共生活的决策的制定。他们保证，公民关注事务以及社区事务的有效管理一定会指引公民理事会适当的行动，而理事会和职业工作人员能够取得积极的成果。同时，他们要在每一个职能领域中，保证公民理事会和职业者建立一个公开和欢迎公民参与的对话机制，这样使民主原则得以在此框架下实现。通过这些途径，公共政策制定和执行将成为一个社区整体的"财产"。

社区的公共实践

　　　在第5章，我们发现，当代职业化公共服务的增长贯穿于我们国家的历史。在

这里，公共服务曾是本地居民以志愿的方式提供最基本的社区服务开始，如维修道路，维护治安安全，记载城镇商业活动，或捕捉野蛮的牲畜等。伴随着社区的扩大，参与管理的居民被付给少量的报酬，以保证工作更具有吸引力，同时弥补居民因参与社区事务而被占用的时间。后来，很多公共服务职能变成了全职工作，但直到 19 世纪，很多职业领域（如警察和消防、公共卫生、教育和公共工作）才开始发展成为我们今天熟悉的工作内容和组织结构。这时，普通公民与**公共服务职业者**之间的界限开始变得明朗，职业者把自己的工作生涯投身于公共服务，而不再把公共服务当成一种兼职活动。

161

伴随着这种发展，公共服务职业者的角色已经不同于接受服务的人了。当公共服务由那些志愿贡献时间的公民来提供时，服务状况的评价往往是由生活在相同条件下的其他公民做出的。在评价其邻里承担的公共工作时，这些居民往往只能判断与他们相关的社区社会生活很小的但很重要的一部分。全职公共服务的出现意味着，公共服务职业者的全部工作要被很多人，包括同事、下属、科层组织中的上级、公民和民选代表来评价。在这种情况下，职业者的**裁量权范围**取决于由**角色设定**的**角色期待**。随着时间的推移，每个职业者角色则从属于治理成员对角色设定的改变，从属于对职业者角色感知变化的事件，从属于社区的需要，或者从属于职业者与治理成员就角色设定进行的协商的内容。

公共服务职业者追求一系列**实质性的职业目标**，这取决于他们的职业特性和个人偏好。这些目标帮助我们界定职业者与他们的角色设定之间的关系。我已经明确了社区公共服务职业者关注的五大领域。第一是传统的**价值中立**目标：它源于 19 世纪末和 20 世纪，以改革观念为基础，将政策的制定与执行分离开来。第二个目标是**合法性**，它在社会中建立公共行政的权威和地位。第三个目标是**可持续性**，它寻求经济发展与环境保护之间的平衡。第四个目标是**社会公平**，它寻求如何应对经济体系对处在底层的民众的影响。第五个目标是**促进公民的话语权**，为自主治理创造公开和接纳公民参与的机制。

在一个特定的社区环境下，职业者由应对挑战而形成的角色，可以表述为**执行者、帮助者和控制者**三种类型。执行者提供称职的职业化服务，同时尽可能远离政策制定过程，这是传统的价值中立模型。控制者是以偏好特定的实质性目标来影响政策过程，有时他们超越被预期的职业者角色限定，目的是影响其上级、代议者和公民的行动。

162

帮助者像执行者一样提供职业化的公共服务，也许他们更加关心实质性的政策目标。然而，不同于控制者的是，帮助者选择帮助公民实现自主治理。他们要么通过向公民提供进行理性决策必需的信息，要么通过创设开放的和接纳公民参与的对话机制，来实现这个目标。以此方式帮助者让渡了控制政策制定过程的权力，但却表现出对社区的更大价值和效用。然而，我们面对的悖论环境是，让渡政策过程的专业控制权力，会让职业者掌握更大机会去影响公共利益和民主、理性的原则。

6.5 让公民治理运转起来

综 览

读者也许会认为，实施公民治理模型是一种充满困难的挑战。这个模型需要对工作关系和角色及结构的潜在的紧张变化进行重新思考。人们自然而然地会以渐进的方式思考和行动，也就是说，他们一段时间会向前走一步，再检验他们行动的效果，在效果令人厌倦的时候再试图改变行动过程。剧烈的变革会引起人们的恐惧和惊慌。

163   公民治理模型是建设性的变革，它涉及那些让社区工作运转起来的民众，因此，这个变化的进程应该在一个时期内向前走一步，它要给民众时间来审慎思考，深思熟虑，并提供创新步骤和规模的具体建议。让外部专家来促进公民治理工作或许是有益的，尤其是在那些就怎样发展存在分歧和争议的地方。然而，我们必须记住，社区成员是参与这一过程的人，他们既需要保持控制，又需要对结果负责。

以社区治理的原则为指导

我们必须将社区治理的四个原则当作回应变化的持续指导和检验方案。在每一个决策点上，人们都必须回答以下的问题。
- **规模**。我们是否能在最低的层级上采取与我们拟实现的目标相一致的行动？
- **民主**。我们是否向具有利益的、试图在政策制定和执行中获得富有意义的参与权利的公民提供了开放和接纳参与的机会？
- **责任**。我们是否提供了公共服务和项目管理的结构，以保证将绩效与公民期望联系起来？
- **理性**。我们能否对所有的观点保留时间、思考和尊重，以保证观点体现于政策制定和执行之中？

承诺的责任

向公民治理模型迈进是社区生活的重要一步。管理当局有责任决定是否应该由集权的治理模式转变为以公民为中心的治理模式。为了使变革过程能够成功，民选代议者必须确定这个过程方向的正确性，必须为随之而来的变化承担责任，这其中包括代议者自身角色以及公民、专家角色的变化。

164   这一承诺责任经过团体或者相关的公民和公共专家的讨论作出。这种责任并不倡导不顾反对和问题，一味向前冲，相反，它是为适应21世纪的新现实而开始的转变社区治理模式的过程。

6.6 公民治理的要素

下面，我们列出了公民治理模式的三个基本要素。这是一些普遍的观点，涉及改变管理当局、公民、职业者的角色，以更好地实现社区治理的原则。当然，具体怎么执行，还要依据每个社区情况的不同而调整。

● **公民协调委员会**。将民选管理当局从"中心的决策者"角色转变为"公民协调者"角色。重新界定管理当局的责任，从决定大多数政策议题到将政策议题委托给公民理事会，听取他们的建议，肯定或修正他们的工作，以适应社区发展的整体目标。

● **公民理事会**。建立公民咨询委员会，来协助地方政府执行行政管理的主要职能，如警务、消防、公共设施、公共工作、公园、娱乐设施和社会服务。在大型管辖区内，将这些广泛的功能分解为多个分支领域，并在每一个分支领域建立相应的公民理事会。

● **帮助者**。将公共服务的职业者角色由控制公共官僚机构转变为帮助公民理解社区政策议题和公共服务，帮助公民作出公共项目管理的明智决策，同时，帮助他们执行日常管理任务。这种角色定位承认行政管理专业知识的必需性，但是专业知识不是出于控制和排斥，而是允许公民创造和提供他们所需的公共服务类型。

创造结构

在这里，我们提出一些在应用公民治理模式时需要思考的步骤。建立一个常设的公民治理委员会（Committee on Citizen Governance，CCG）来帮助创造结构，阶段性地评价发展进程，在必要时提出改变执行的建议等，这些措施十分明智。委员会成员可包括公民、组织工作人员、一个或多个管理当局代表以及在新的公民委员会形成时的委员会主席等。当然，在每个社区里，人们采取的步骤会不同，但是，其意图贯穿于这一过程。政策执行必然分为若干阶段，从而使一个或几个项目领域发挥领航作用，率先决定该如何运作公民治理模式。 *165*

1. 列出社区政府提供的服务和项目，然后检视每一项服务，以便看到哪些项目可以得益于公民委员会。并不是所有的服务和项目的执行都需要公民的监督和参与，因为，一些服务和项目并不涉及与社区利益密切相关的政策事务。

2. 运用个人知识局限思想，决定该分配给每个公民委员会的服务数量和规模。大致说，我们可以设想一下，一个委员会成员在经过一年服务之后所能理解的项目规模和数量的细节，可能就是一个特定的公民委员会所能承担的功能的正确数量，同时，也实现了责任和理性原则。

3. 思考每个公民委员会在规模、任期、观点平衡和地域代表性方面的构成。如果委员会需要特定的能力，如一个检查供水或污水处理的委员会，将职业详细列出是明智的。同时，公民委员会必须保持它是公民委员会，而不是专业的评估机构，并且那些经过专业训练的人不应该支配一个委员会，那些拥有特殊的、自我利益取向的人同样不应支配委员会。

4. 每个委员会应设计正式的职责，包括治理主体的角色及每个委员会和提供辅助的职业者的责任范围。委员会工作人员总应被看作是团队的有价值的成员，是拥有专门技术、懂得组织和项目的历史、拥有项目管理知识的人，他们都在其他时间和地方曾经成功管理过项目。这是一个平衡的问题。委员会为了实现参与和代表性，其规模可以足够大，同时，为了有效决策，其规模也可以足够小。任期长度可以保证成员有足够时间来充分知情，但又不能太长，以防止懈怠和保证新人参与。

5. 倘若创建和实施公民参与结构的过程与组织外公民参与项目管理相伴而生，如邻里组织或委员会参与处理特殊的政策议题，那么公民治理结构会更有效地运作。让"内部"和"外部"的过程共同发挥作用，这样，它们共享了社区治理原则的共同价值，并形成了相互依赖。

政策执行

政策执行是一个关键阶段。这是强化这样一个观点的好时间，即管理当局和公民治理委员会必须以一种深思熟虑的方式，考虑参与公众的观点。同时，每个人必须理解，在这个过程中很可能出现重大的改变和修正。人们不可能预见所有可能性、需求和问题，因此，必须容忍他们犯错，并在社区治理原则的基础上，形成开放、可调整的体系。下面是实施公民治理模式的五个步骤。

1. **使结构正式化**。实施解决方案或法令命令需要向委员会（邻里或其他外部组织）分配权力和责任，同时需要成员恰当地执行它。应该留有足够的灵活性和空间以适应经验的增长和环境需要。如果适合，人们就慢慢地、渐进地前进，试验新的、具有领先意义的思想。

2. **培训工作人员**。通过培训工作人员，将他们从官僚控制的模型角色调整为促进公民互动和服务的帮助者模型角色。坚决放弃自我防卫性的"我们与他们"的观点，或"斤斤计较"的官僚式刻板，代之以服务的承诺责任，认定职业化工作是为了提高作为社区所有者的公民的满意度。这不仅是一件取悦顾客的事情，更是创建真正的社区居民自主治理制度的大事。

3. **培训委员会成员**。和公民一起工作，使他们熟悉自己的角色和责任范围。搞清职业工作人员是可以信赖的咨询者和专家，而不是控制者或者专业知识隐秘的维护者。同样，工作人员也不能被当作他们无法控制的事情的替罪羊，并因此遭受责备和困扰。

4. **解决问题**。作为新的公民治理过程的开始，应帮助解决关于义务和责任的问题，以保证治理过程进展顺利，并使工作人员和公民有效地适应他们的新角色。应在公民治理委员会和管理当局之间形成一个常规的会议日程表。同时，采用报告或者共同的成员协议方式，以促进开放和经常性的沟通交流。

5. **进行中期修改**。当治理进程显示出对变化的需要时，管理当局应对结构调整做好准备。在一些领域，新的结构可能被证明过于分权，造成了协调和责任的问题；或许需要进一步的分权，因为一个或几个委员会可能拥有了太多的监督功能。当特殊利益力量过大进而支配了一个委员会时，人们需要采取行动来重新达到平衡。培训也许需要在考量参与者绩效的基础上进行调整，公民与管理当局之间的关系可能需要向更好的方向发展等，诸如此类，不一而足。在所有这些情况下，变革必须遵从公民治理模型的原则及其要素。

6.7　结　论

在这里，我们所展示的公民治理模型已近尾声。我希望读者会发觉这些概念性著述很有些意思，总体的概念令人兴奋，而有关模型实施的具体建议有用并能够操作。回过头来看第 1 章开始的讨论，我相信这些观点可以帮助今天的社区治理实践更加贴近民众，更加贴近即将到来的 21 世纪的现实。

参考文献

Abney, Glenn, and Thomas P. Lauth. 1986. *The politics of state and city administration*. Albany: State University of New York Press.

Adams, Guy B. , Priscilla V. Bowerman, Kenneth M. Dolbeare, and Camilla Stivers. 1990. Joining purpose to practice: A democratic identity for the public service. In *Images and identities in public administration*, ed. Henry D. Kass and Bayard L. Catron, 219－240. Newbury Park, Calif. : Sage.

Adrian, Charles R. 1958. A study of three communities. *Public Administration Review* 18 (Summer): 208－213.

___. 1998. Forms of city government in American history. Chapter in *The Municipal Year Book*. Washington, D. C. : International City Management Association.

Adrian, Charles R. , and Ernest S. Griffith. 1976. *A history of American city government. Vol. 2, The formation of traditions, 1775—1870*. New York: Praeger.

Anglin, Roland. 1990. Diminishing utility: The effect on citizen preferences for local growth. *Urban Affairs Quarterly* 25 (June): 684－696.

Bachrach, Peter, and Morton S. Baratz. 1962. The two faces of power. *American Political Science Review* 56 (December): 947－952.

Bailey, Stephen K. 1964. Ethics and the public service. *Public Administration Review* 23 (December): 234−243.

Barber, Benjamin. 1984. *Strong democracy: Participatory politics for a new age.* Berkeley: University of California Press.

Bellah, Robert N. , Richard Madsen, William M. Sullivan, Ann Swidler, and Steven M. Tipton. 1985. *Habits of the heart: Individualism and commitment in American life.* New York: Harper and Row.

Berkowitz, Peter. 1995. Communitarian criticisms and liberal lessons. *The Responsive Community* 5 (Fall): 54−64.

Berry, Jeffery M. , Kent E. Porthey, and Ken Thomson. 1993. *The rebirth of urban democracy.* Washington, D. C. : Brookings Institution.

Blodgett, Terrell. 1994. Beware the lure of the "strong" mayor. *Public Management* 76 (January): 6−11.

Box, Richard C. 1990. The economic model of administrative behavior in local government. DPA dissertation, University of Southern California.

____. 1993. Resistance to professional managers in American local government. *American Review of Public Administration* 23 (December): 403−418.

____. 1995a. Critical theory and the paradox of discourse. *American Review of Public Administration* 25 (March): 1−19.

____. 1995b. Optimistic view of the future of community governance. *Administrative Theory and Praxis* 17 (1): 87−91.

____. 1995c. Searching for the best structure for American local government. *International Journal of Public Administration* 18 (4): 711−741.

Boynton, Robert Paul, and Deil S. Wright. 1971. Mayor-manager relationships in large council-manager cities: A reinterpretation. *Public Administration Review* 31 (January/February): 28−36.

Burns, Nancy. 1994. *The formation of American local governments: Private values in public institutions.* Oxford: Oxford University Press.

Conte, Christopher R. 1995. Teledemocracy for better or worse. *Governing* 8 (June): 33−41.

Cook, Edward M. 1976. *The fathers of the towns: Leadership and community structure in eighteenth-century New England.* Baltimore: Johns Hopkins University Press.

Cooper, Terry L. 1984. Public administration in an age of scarcity: A citizenship role for public administrators. In *Politics and administration: Woodrow Wilson and American public administration,* ed. Jack Rabin and James S. Bowman, 297−314. New York: Marcel Dekker.

____. 1991. *An ethic of citizenship for public administration*. Englewood Cliffs, N. J. : Prentice Hall.

Craig, Stephen C. 1993. *The malevolent leaders : Popular discontent in America*. Boulder, Colo. : Westview Press.

Dahl, Robert A. 1961. *Who governs? Democracy and power in an American city*. New Haven, Conn. : Yale University Press.

Dewey, John. 1927/1985. *The public and its problems*. Athens, Ohio: Swallow Press.

Downs, Anthony. 1957. *An economic theory of democracy*. New York: Harper and Row.

Eberly, Don E. ed. 1994. *Building a community of citizens : Civil society in the 21st century*. Lanham, Md. : University Press of America.

Eisenhardt, Kathleen M. 1989. Agency theory: An assessment and review. *Academy of Management Review* 14 (1): 57-74.

Elder, Shirley. 1992. Running a town the 17th-century way. *Governing* 5 (March): 29-30.

Etzioni, Amitai. 1992. Communitarian solutions/what communitarians think. *The Journal of State Government* 65 (January-March): 9-11.

____, ed. 1995. *Rights and the common good : The communitarian perspective*. New York: St. Martin's Press.

Fannin, William R. 1983. City manager policy roles as a source of city council/city manager conflict. *International Journal of Public Administration* 5 (4): 381-399.

Fisher, Robert. 1981. From grass-roots organizing to community service: Community organization practice in the community center movement, 1907—1930. In *Community organization for urban social changer : A historical perspective*, ed. Robert Fisher and Peter Romanofsky, 33 - 58. Westport, Conn. : Greenwood Press.

Flentje, H. Edward, and Wendla Counihan. 1984. Running a "reformed" city: The hiring and firing of city managers. *Urban Resources* 2 (Fall): 9-14.

Follett, Mary Parker. 1918. *The new state : Group organization the solution of popular government*. New York: Longmans, Green.

Fox, Charles J. , and Clarke E. Cochran. 1990. Discretion advocacy in public administration: Toward a Platonic guardian class? *Administration & Society* 22 (August): 249-271.

Fox, Charles J. , and Hugh T. Miller. 1995. *Postmodern public administration : Toward discourse*. Thousand Oaks, Calif. : Sage.

Frisby, Michele, and Monica Bowman. 1996. What we have is a failure to communicate: The case for citizen involvement in local government decision making. *Public Management 78* (February): A1–A5.

Gale, Dennis E. 1992. Eight state-sponsored growth management programs: A comparative analysis. *Journal of the American Planning Association 58* (Autumn): 425–439.

Geuss, Raymond. 1981. *The idea of a critical theory: Habermas and the Frankfurt School*. Cambridge: Cambridge University Press.

Giddens, Anthony. 1984. *The constitution of society: Outline of the theory of structuration*. Berkeley: University of California Press.

Goodnow, Frank J. 1904/1991. *City government in the United States*. Holmes Beach, Fla.: Wm. W. Gaunt & Sons.

Goodsell, Charles. 1996. A memo to the public employees of America. *Administrative Theory and Praxis 18* (1): 48–49.

Gould, John. 1940. *New England town meeting: Safeguard of democracy*. Brattleboro, Vt.: Stephen Daye Press.

Griffith, Ernest S. 1938. *History of American city government. Vol. 1, The colonial period*. New York: Oxford University Press.

____. 1974. *A history of American city government*. Vol. 3, The conspicuous failure, 1870—1900. New York: Praeger.

Gulick, Luther. 1937. Notes on the theory of organization. In *Classics of public administration*, 3d ed., ed. Jay M. Shafritz and Albert C. Hyde, 1992. Pacific Grove, CA: Brooks/Cole.

Gurwitt, Rob. 1992. A government that runs on citizen power. *Governing 6* (December): 48–54.

____. 1993a. The lure of the strong mayor. *Governing 6* (July): 36–41.

____. 1993b. Communitarianism: You can try it at home. *Governing 6* (August): 33–39.

Habermas, Jurgen. 1970. *Toward a rational society: Student protest, science, and politics*. Boston: Beacon Press.

Harrigan, John J. 1989. *Political change in the metropolis*. 4th ed. Glenview, Ill.: Scott, Foresman.

Hill, B. W., ed. 1976. *Edmund Burke: On government, politics, and society*. New York: International Publications Service.

Hummel, Ralph P. 1987. *The bureaucratic experience*. 3d ed. New York: St. Martin's Press.

Hunter, Floyd. 1953. *Community power structure*. Chapel Hill: University of North Carolina Press.

Jefferson, Thomas. 1984. January 8, 1789 letter to Richard Price. In *Thomas Jefferson, writings*, ed. Merrill D. Peterson, 1935. New York: Literary Classics of the United States.

Johnson, David B. 1991. *Public choice: An introduction to the new political economy*. Mountain View, Calif. : Mountain View.

Joyce, Michael S. 1994. Citizenship in the 21st century: Individual selfgovernment. In *Building a community of citizens: Civil society in the 21st century*, ed. Don E. Eberly, 3 - 10. Lanham, Md. : University Press of America.

Kass, Henry D. , and Bayard L. Catron, eds. 1990. *Images and identities in public administration*. Newbury Park, Calif. : Sage.

Kaufman, Herbert. 1969. Administrative decentralization and political power. *Public Administration Review* 29 (January/February): 3-15.

Kemmiss, Daniel. 1990. *Community and the politics of place*. Norman: University of Oklahoma Press.

King, Leslie, and Glenn Harris. 1989. Local responses to rapid rural growth. *Journal of the American Planning Association* 55 (Spring): 181-191.

Lappe, Frances Moore, and Paul Martin Du Bois. 1994. *The quickening of America: Rebuilding our nation, remaking our lives*. San Francisco: Jossey-Bass.

Lasch, Christopher. 1996. *The revolt of the elites and the betrayal of democracy*. New York: W. W. Norton.

Lockridge, Kenneth A. 1970/1985. *A New England town the first hundred years: Dedham, Massachusetts, 1636—1736*. New York: W. W. Norton.

Logan, John R. , and Harvey L. Molotch. 1987. *Urban fortunes: The political economy of place*. Berkeley: University of California Press.

Lord, George F. , and Albert C. Price. 1992. Growth ideology in a period of decline: Deindustrialization and restructuring, Flint style. *Social Problems* 39 (May): 155-169.

Loveridge, Ronald O. 1971. *City managers in legislative politics*. New York: BobbsMerrill.

Lowery, David, Ruth Hoogland DeHoog, and William E. Lyons. 1992. Citizenship in the empowered locality: An elaboration, a critique, and a partial test. *Urban Affairs Quarterly* 28 (September): 69-103.

Mansbridge, Jane. 1980. *Beyond adversary democracy*. New York: Basic Books.

Martin, Lawrence L. 1993. American county government: An historical perspective. In *County governments in an era of change*, ed. David R. Berman, 1-13. Westport, Conn. : Greenwood Press.

Massialas, Byron G. 1990. Educating students for conflict resolution and democratic decision making. *The Social Studies* 81 (September/October): 202-205.

Matthews, Richard K. 1986. *The radical politics of Thomas Jefferson: A revisionist view*. Lawrence: University Press of Kansas.

McDonald, Forrest. 1985. *Novus ordo seclorum: The intellectual origins of the Constitution*. Lawrence: University press of Kansas.

McDonald, Lee Cameron. 1968. *Western political theory*. New York: Harcourt Brace Jovanovich.

Moe, Terry M. 1984. The new economics of organization. *American Journal of Political Science* 28 (November): 739-777.

Molotch, Harvey L. 1976. The city as a growth machine: Toward a political economy of place. *American Journal of Sociology* 82 (September): 309-332.

Morison, Samuel Eliot. 1965. *The Oxford history of the American people*. New York: Oxford University Press.

Nalbandian, John. 1989. The contemporary role of city managers. *American Review of Public Administration* 19 (December): 261-278.

Nelson, Arthur C. 1992. Preserving prime farmland in the face of urbanization. *Journal of the American Planning Association* 58 (Autumn): 467-488.

Nelson, Lisa S. , and Louis F. Weschler. 1996. Community sustainability as a dimension of administrative ethics. *Administrative Theory and Praxis* 18 (1): 13-26.

Nice, David C. 1987. *Federalism: The politics of intergovernmental relations*. New York: St. Martin's Press.

Niskanen, William A. 1971. *Bureaucracy and representative government*. Chicago: Aldine Atherton.

____. 1991. A reflection on bureaucracy and representative government. In *The budget-maximizing bureaucrat: Appraisals and evidence*, ed. Andre Blais and Stephane Dion, 13 - 31. Pittsburgh, Penn. : University of Pittsburgh Press.

Osborne, David, and Tab Gaebler. 1993. *Reinventing government: How the entrepreneurial spirit is transforming the public sector*. New York: Penguin Books.

Ostrom, Elinor. 1993. A communitarian approach to local governance. *National Civic Review* (Summer): 226-233.

Ostrom, Vincent, Charles M. Tiebout, and Robert Warren. 1961. The organization of government in metropolitan areas: A theoretical inquiry. *American Political Science Review* 55 (December): 831-842.

Pealy，Dorothee Strauss. 1958. The need for elected leadership. *Public Administration Review* 18 (Summer)：214-216.

Peterson，Paul E. 1981. *City limits*. Chicago：University of Chicago Press.

Phillips，Derek L. 1993. *Looking backward：A critical appraisal of communitarian thought*. Princeton，N. J.：Princeton University Press.

Protasel，Greg J. 1988. Abandonments of the council-manager plan：A new institutionalist perspective. *Public Administration Review* 48（July/August）：807-812.

Rodgers，Daniel T. 1979. *The work ethic in industrial America，1850—1920*. Chicago：University of Chicago Press.

Rodgers，Joseph Lee. 1977. *Citizen committees：A guide to their use in local government*. Cambridge，Mass.：Ballinger.

Rohr，John A. 1986. *Ethics for bureaucrats：An essay on law and values*. New York：Marcel Dekker.

——. 1993. Toward a more perfect union. *Public Administration Review* 53 (May/June)：246-249.

Ross，Bernard H. ，and Myron A. Levine. 1996. *Urban politics：Power in metropolitan America*. 5th ed. Itasca. Ill.：F. E. Peacock.

Ross，Bernard H. ，Myron A. Levine，and Murray S. Stedman. 1991. *Urban politics：Power in metropolitan America*. 4th ed. Itasca，Illinois：F. E. Peacock Publishers.

Rossiter，Clinton，ed. 1961. *The federalist papers*. New York：New American Library.

Rousseau，Jean-Jacques. 1762/1978. *On the social contract*. Ed. by Roger D. Masters，trans. by Judith R. Masters. New York：St. Martin's Press.

Saltzstein，Alan L. 1974. City managers and city councils：Perceptions of the division of authority. *The Western Political Quarterly* 27 (March)：275-288.

Schachter，Hindy Lauer. 1997. *Reinventing government or reinventing ourselves*. Albany：State University of New York Press.

Schattschneider. E. E. 1975. *The semisovereign people：A realist's view of democracy in America*. Hinsdale. Ill.：Dryden Press.

Schlesinger. Arthur M. 1986. *The cycles of American history*. Boston：Houghton Mifflin.

Schneider，Mark，and Paul Teske. 1993a. The antigrowth entrepreneur：Challenging the "equilibrium" of the growth machine. *The Journal of Politics* 55 (August)：720-736.

——. 1993b. The progrowth entrepreneur in local government. *Urban Affairs Quarterly* 29 (December)：316-327.

Schon, Donald A. 1983, *The reflective practitioner: How professionals think in action*. New York: Basic Books.

Scott, William G., and David K. Hart. 1979. *Organizational America*. Boston: Houghton Mifflin.

Selznick, Philip. 1992. *The moral commonwealth: Social theory and the promise of community*. Berkeley: University of California Press.

Shefter. Martin. 1985. *Political crisis/fiscal crisis: The collapse and revival of New York City*. New York: Basic Books.

Sheldon, Garrett Ward. 1993. *The political philosophy of Thomas Jefferson*. Baltimore: Johns Hopkins University Press.

Sinopoli, Richard C. 1992. *The foundations of American citizenship: Liberalism, the Constitution, and civic virtue*. Oxford: Oxford University Press.

Smith, Page. 1966. *As a city upon a hill: The town in American history*. New York: Alfred A. Knopf.

Sparrow, Glen. 1985. The emerging chief executive: The San Diego experience. *National Civic Review* 74 (December): 538-547.

Spicer, Michael W., and Larry D. Terry. 1993. Legitimacy, history, and logic: Public administration and the Constitution. *Public Administration Review* 53 (May/June): 239-246.

Stene, Edwin O., and George K. Floro. 1953. *Abandonments of the manager plan: A study of four small cities*. Lawrence: University of Kansas Governmental Research Center.

Stone, Clarence N. 1993. Urban regimes and the capacity to govern: A political economy approach. *Journal of Urban Affairs* 15 (1): 1-28.

Stillman, Richard J. 1974. *The rise of the city manager: A public professional in local government*. Albuquerque: University of New Mexico Press.

____. 1995. *The American bureaucracy: The core of modern government*. 2d ed. Chicago: Nelson-Hall Publishers.

Stivers, Camilla. 1990. The public agency as polis: Active citizenship in the administrative state. *Administration & Society* 22 (May): 86-105.

____. 1993. Rationality and romanticism in Constitutional argument. *Public Administration Review* 53 (May/June): 254-257.

Storing, Herbert J. J1981. *What the Anti-Federalists were for*. Chicago: University of Chicago Press.

Svara, James H. 1986a. Contributions of the city council to effective governance. *Popular Government* 51 (Spring) 1-8.

____. 1986b. The mayor in council-manager cities: Recognizing leadership potential. *National Civic Review* 75 (September-October): 271-305.

____. 1990. *Official leadership in the city: Patterns of conflict and cooperation*. Oxford: Oxford University Press.

Terry, Larry D. 1993. Why we should abandon the misconceived quest to reconcile public entrepreneurship with democracy: A response to Bellone and Goerl's "Reconciling public entrepreneurship and democracy." *Public Administration Review* 53 (July/August): 393−395.

Thomas, John Clayton. 1986. *Between citizen and city: Neighborhood organizations and urban politics in Cincinnati*. Lawrence: University Press of Kansas.

Thompson, Victor A. 1975. *Without sympathy or enthusiasm: The problem of administrative compassion*. University: University of Alabama Press.

Tiebout, Charles M. 1956. A pure theory of local expenditures. *The Journal of Political Economy* 64 (October): 416−424.

de Tocqueville, Alexis. 1969. *Democracy in America*. Ed. by J. P. Mayer, trans. by George Lawrence. Garden City, N. Y. : Doubleday.

Verba, Sidney, and Norman H. Nie. 1972. *Participation in America: Political democracy and social equality*. New York: Harper and Row.

Vogel, Ronald K. , and Bert E. Swanson. 1989. The growth machine versus the antigrowth coalition: The battle for our communities. *Urban Affairs Quarterly* 25 (September): 63−85.

Waldo, Dwight. 1981. *The enterprise of public administration: A summary view*. Novato, Calif. : Chandler and Sharp.

Wamsley, Gary L. , Charles T. Goodsell, John A. Rohr, Camilla M. Stivers, Orion F. White, and James F. Wolf. 1987. The public administration and the governance process: Refocusing the American dialogue. In *A centennial history of the American administrative state*, ed. Ralph C. Chandler, 291−317. New York: Free Press.

Warren, Kenneth F. 1993. We have debated ad nauseum the legitimacy of the administrative state—but why? *Public Administration Review* 53 (May/June): 249−254.

Waste, Robert J. , ed. 1986. *Community power: Directions for future research*. Beverly Hills: Sage.

____. 1989. *The ecology of policy making* . Oxford: Oxford University Press.

____. 1993. City limits, pluralism, and urban political economy. *Journal of Urban Affairs* 15 (5): 445−455.

White, Louise G. 1982. Improving the goal-setting process in local government. *Public Administration Review* 42 (January/February): 77−83.

Whitt，J. Allen，and John C. Lammers. 1991. The art of growth：Ties between development organizations and the performing arts *Urban Affairs Quarterly* 26 (March)：376–393.

Wikstrom，Nelson. 1979. The mayor as policy leader in the council-manager form of government：A view from the field. *Public Administration Review* 39 (May/June)：270–276.

Williams，Oliver P.，and Charles R. Adrian. 1963. *Four cities：A study in comparative policy making*. Philadelphia：University of Pennsylvania Press.

Wilson，Woodrow. 1887. The study of administration. In *Classics of public administration*，ed. Jay M. Shafritz and Albert C. Hyde，11–24. 3d ed. Pacific Grove，Calif.：Brooks/Cole.

Yankelovich，Daniel. 1991. *Coming to public judgment：Making democracy work in a complex world*. Syracuse，N. Y.：Syracuse University Press.

Zuckerman，Michael. 1970. *Peaceable kingdoms：New England towns in the eighteenth century*. New York：Alfred A. Knopf.

索 引

（以下所标页码为英文原书页码，可根据边码查寻）

人大版公共管理类翻译（影印）图书

公共行政与公共管理经典译丛

书名	著译者	定价
公共管理名著精华："公共行政与公共管理经典译丛"导读	吴爱明　刘晶　主编	49.80 元

经典教材系列

书名	著译者	定价
公共管理导论（第三版）	［澳］欧文·E·休斯　著 张成福　等　译	39.00 元
政治学（第三版）	［英］安德鲁·海伍德　著 张立鹏　译	49.80 元
公共政策分析导论（第四版）	［美］威廉·N·邓恩　著 谢明　等　译	49.00 元
公共政策制定（第五版）	［美］詹姆斯·E·安德森　著 谢明　等　译	46.00 元
公共行政学：管理、政治和法律的途径（第五版）	［美］戴维·H·罗森布鲁姆　等　著 张成福　等　译校	58.00 元
比较公共行政（第六版）	［美］费勒尔·海迪　著 刘俊生　译校	49.80 元
公共部门人力资源管理：系统与战略（第四版）	［美］唐纳德·E·克林纳　等　著 孙柏瑛　等　译	49.80 元
公共部门人力资源管理（第二版）	［美］埃文·M·伯曼　等　著 萧鸣政　等　译	49.00 元
行政伦理学：实现行政责任的途径（第五版）	［美］特里·L·库珀　著 张秀琴　译　音正权　校	35.00 元
民治政府——美国政府与政治（第二十版）	［美］詹姆斯·麦格雷戈·伯恩斯　等　著 吴爱明　等　译	69.80 元
比较政府与政治导论（第五版）	［英］罗德·黑格　马丁·哈罗普　著 张小劲　等　译	48.00 元
公共组织理论（第五版）	［美］罗伯特·B·登哈特　著 扶松茂　丁力　译　竺乾威　校	32.00 元
公共组织行为学	［美］罗伯特·B·登哈特　等　著 赵丽江　译	49.80 元
组织领导学（第五版）	［美］加里·尤克尔　著 陶文昭　译	49.80 元
公共关系：职业与实践（第四版）	［美］奥蒂斯·巴斯金　等　著 孔祥军　等　译　郭惠民　审校	68.00 元
公用事业管理：面对 21 世纪的挑战	［美］戴维·E·麦克纳博　著 常健　等　译	39.00 元
公共预算中的政治：收入与支出，借贷与平衡（第四版）	［美］爱伦·鲁宾　著 叶娟丽　马骏　等　译	39.00 元
公共行政学新论：行政过程的政治（第二版）	［美］詹姆斯·W·费斯勒　等　著 陈振明　等　译校	58.00 元
公共和第三部门组织的战略管理：领导手册	［美］保罗·C·纳特　等　著 陈振明　等　译校	43.00 元
公共行政与公共事务（第十版）	［美］尼古拉斯·亨利　著 孙迎春　译	52.00 元
公共管理案例教学指南	［美］小劳伦斯·E·列恩　著 郄少健　等　译　张成福　等　校	26.00 元

书名	著译者	定价
公共管理中的应用统计学（第五版）	[美]肯尼思·J·迈耶 等 著 李静萍 等 译	49.00 元
现代城市规划（第五版）	[美]约翰·M·利维 著 张景秋 等 译	39.00 元
非营利组织管理	[美]詹姆斯·P·盖拉特 著 邓国胜 等 译	38.00 元
非营利组织战略营销（第五版）	[美]菲利普·科特勒 等 著 孟延春 等 译	58.00 元
公共财政管理：分析与应用（第六版）	[美]约翰·L·米克塞尔 著 白彦锋 马蔡琛 译 高培勇 等 校	69.90 元
企业与社会：公司战略、公共政策与伦理（第十版）	[美]詹姆斯·E·波斯特 等 著 张志强 等 译	59.80 元
公共行政学：概念与案例（第七版）	[美]理查德·J·斯蒂尔曼二世 编著 竺乾威 等 译	75.00 元
公共管理中的量化方法：技术与应用（第三版）	[美]苏珊·韦尔奇 等 著 郝大海 等 译	39.00 元
公共与非营利组织绩效考评：方法与应用	[美]西奥多·H·波伊斯特 著 肖鸣政 等 译	35.00 元
政治体制中的行政法（第三版）	[美]肯尼思·F·沃伦 著 王丛虎 等 译	78.00 元
政府与非营利组织会计（第12版）	[美]厄尔·R·威尔逊 等 著 荆新 等 译校	79.00 元
政治科学的理论与方法（第二版）	[英]大卫·马什 等 编 景跃进 张小劲 欧阳景根 译	38.00 元
公共管理的技巧（第九版）	[美]乔治·伯克利 等 著 丁煌 主译	59.00 元
领导学：理论与实践（第五版）	[美]彼得·G·诺斯豪斯 著 吴爱明 陈爱明 陈晓明 译	48.00 元
领导学（亚洲版）	[新加坡]林志颂 等 著 顾朋兰 等 译 丁进锋 校译	59.80 元
领导学：个人发展与职场成功（第二版）	[美]克利夫·里科特斯 著 戴卫东 等 译 姜雪 校译	69.00 元
二十一世纪的公共行政：挑战与改革	[美]菲利普·J·库珀 等 著 王巧玲 李文钊 译 毛寿龙 校	45.00 元
行政学（新版）	[日]西尾胜 著 毛桂荣 等 译	35.00 元
官僚政治（第五版）	[美]B·盖伊·彼得斯 著 聂露 等 译	39.80 元
理解公共政策（第十二版）	[美]托马斯·R·戴伊 著 谢明 译	45.00 元
公共政策导论（第三版）	[美]小约瑟夫·斯图尔特 等 著 韩红 译	35.00 元
公共政策分析：理论与实践（第四版）	[美]戴维·L·韦默 等 著 刘伟 译校	待出
应急管理概论	[美]米切尔·K·林德尔 等 著 王宏伟 译	55.00 元
公共行政导论（第六版）	[美]杰伊·M·沙夫里茨 等 著 刘俊生 等 译	65.00 元
城市管理学：美国视角（第六版）	[美]戴维·R·摩根 等 著 杨宏山 陈建国 译 杨宏山 校	49.00 元

书名	著译者	定价
公共经济学：政府在国家经济中的作用	［美］林德尔·G·霍尔库姆 著 顾建光 译	69.80 元
公共部门管理（第八版）	［美］格罗弗·斯塔林 著 常健 等 译 常健 校	75.00 元

公共管理实务系列

书名	著译者	定价
新有效公共管理者：在变革的政府中追求成功（第二版）	［美］史蒂文·科恩 等 著 王巧玲 等 译 张成福 校	28.00 元
驾御变革的浪潮：开发动荡时代的管理潜能	［加］加里斯·摩根 著 孙晓莉 译 刘霞 校	22.00 元
自上而下的政策制定	［美］托马斯·R·戴伊 著 鞠方安 等 译	23.00 元
政府全面质量管理：实践指南	［美］史蒂文·科恩 等 著 孔宪遂 等 译	25.00 元
公共部门标杆管理：突破政府绩效的瓶颈	［美］帕特里夏·基利 等 著 张定淮 译校	28.00 元
创建高绩效政府组织：公共管理实用指南	［美］马克·G·波波维奇 主编 孔宪遂 等 译 耿洪敏 校	23.00 元
职业优势：公共服务中的技能三角	［美］詹姆斯·S·鲍曼 等 著 张秀琴 译 音正权 校	19.00 元
全球筹款手册：NGO 及社区组织资源动员指南（第二版）	［美］米歇尔·诺顿 著 张秀琴 等 译 音正权 校	39.80 元

政府治理与改革系列

书名	著译者	定价
新公共服务：服务，而不是掌舵	［美］珍妮特·V·登哈特 罗伯特·B·登哈特 著 丁煌 译 丁煌 方兴 校	28.00 元
公共决策中的公民参与	［美］约翰·克莱顿·托马斯 著 孙柏瑛 等 译	28.00 元
再造政府	［美］戴维·奥斯本 等 著 谭功荣 等 译	45.00 元
构建虚拟政府：信息技术与制度创新	［美］简·E·芳汀 著 邵国松 译	32.00 元
突破官僚制：政府管理的新愿景	［美］麦克尔·巴泽雷 著 孔宪遂 等 译	25.00 元
政府未来的治理模式（中文修订版）	［美］B·盖伊·彼得斯 著 吴爱明 等 译 张成福 校	38.00 元
无缝隙政府：公共部门再造指南（中文修订版）	［美］拉塞尔·M·林登 著 汪大海 等 译	48.00 元
公民治理：引领 21 世纪的美国社区（中文修订版）	［美］理查德·C·博克斯 著 孙柏瑛 等 译	38.00 元
民营化与公私部门的伙伴关系	［美］E.S. 萨瓦斯 著 周志忍 等 译	39.00 元
持续创新：打造自发创新的政府和非营利组织	［美］保罗·C·莱特 著 张秀琴 译 音正权 校	28.00 元
政府改革手册：战略与工具	［美］戴维·奥斯本 等 著 谭功荣 等 译	59.00 元
公共部门的社会问责：理念探讨及模式分析	世界银行专家组 著 宋涛 译校	28.00 元

书名	著译者	定价
公私合作伙伴关系：基础设施供给和项目融资的全球革命	［英］达霖·格里姆赛 等 著 济邦咨询公司 译	29.80 元
非政府组织问责：政治、原则与创新	［美］丽莎·乔丹 等 主编 康晓光 等 译 冯利 校	32.00 元
市场与国家之间的发展政策：公民社会组织的可能性与界限	［德］康保锐 著 隋学礼 译校	49.80 元
建设更好的政府：建立监控与评估系统	［澳］凯思·麦基 著 丁煌 译 方兴 校	30.00 元

学术前沿系列

书名	著译者	定价
公共行政的精神（中文修订版）	［美］H·乔治·弗雷德里克森 著 张成福 等 译 张成福 校	48.00 元
后现代公共行政：话语指向（中文修订版）	［美］查尔斯·J·福克斯 等 著 楚艳红 等 译 吴琼 校	38.00 元
公共行政的合法性：一种话语分析（中文修订版）	［美］O.C. 麦克斯怀特 著 吴琼 译	待出
公共行政的语言：官僚制、现代性和后现代性（中文修订版）	［美］戴维·约翰·法默尔 著 吴琼 译	待出
官僚制内幕	［美］安东尼·唐斯 著 郭小聪 等 译	38.00 元
领导学	［美］詹姆斯·麦格雷戈·伯恩斯 著 常健 孙海云 等 译 常健 校	69.00 元
官僚经验：后现代主义的挑战（第五版）	［美］拉尔夫·P·赫梅尔 著 韩红 译	待出
制度分析：理论与争议（第二版）	［韩］河涟燮 著 李秀峰 柴宝勇 译	待出
情绪劳动	［美］玛丽·E·盖伊 等 著 周文霞 等 译	待出

案例系列

书名	著译者	定价
公共管理案例（第五版）	［美］罗伯特·T·戈伦比威斯基 等 主编 汪大海 等 译	28.00 元
组织发展案例：环境、行为与组织变革	［美］罗伯特·T·戈伦比威斯基 等 主编 杨爱华 等 译	29.00 元
公共部门人力资源管理案例	［美］T·赞恩·里夫斯 主编 句华 主译 孙柏瑛 统校	22.00 元
非营利组织管理案例与应用	［美］罗伯特·T·戈伦比威斯基 等 主编 邓国胜 等 译	23.00 元
公共管理的法律案例分析	［美］戴维·H·罗森布鲁姆 等 著 王丛虎 主译	33.00 元
公共政策分析案例（第二版）	［美］乔治·M·格斯 等 著 王军霞 等 译	待出

学术经典系列

书名	著译者	定价
新公共行政	［美］H·乔治·弗雷德里克森 著 丁煌 方兴 译 丁煌 校	23.00 元

公共政策经典译丛

书名	著译者	定价
公共政策评估	〔美〕弗兰克·费希尔 著 吴爱明 等 译	38.00 元
议程、备选方案与公共政策（第二版）	〔美〕约翰·W·金登 著 丁煌 方兴 译	38.00 元
公共政策工具——对公共管理工具的评价	〔美〕B·盖伊·彼得斯 等 编 顾建光 译	29.80 元
第四代评估	〔美〕埃贡·G·古贝 等 著 秦霖 等 译 杨爱华 校	39.00 元
政策规划与评估方法	〔加〕梁鹤年 著 丁进锋 译	39.80 元

当代西方公共行政学思想经典译丛

书名	编译者	定价
公共行政学中的批判理论	戴黍 牛美丽 等 编译	29.00 元
公民参与	王巍 牛美丽 编译	45.00 元
公共行政学百年争论	颜昌武 马骏 编译	49.80 元
公共行政学中的伦理话语	罗蔚 周霞 编译	45.00 元

当代世界学术名著

书名	著译者	定价
政策悖论：政治决策中的艺术（修订版）	〔美〕德博拉·斯通 著 顾建光 译	58.00 元
公共行政的语言——官僚制、现代性和后现代性	〔美〕戴维·约翰·法默尔 著 吴琼 译	49.80 元
公共行政的精神	〔美〕乔治·弗雷德里克森 著 张成福 等 译	45.00 元
公共行政的合法性——一种话语分析	〔美〕O. C. 麦克斯怀特 著 吴琼 译	48.00 元

卓越领导

书名	著译者	定价
领袖	〔美〕詹姆斯·麦格雷戈·伯恩斯 著 常健 等 译	49.00 元
特立独行：从肯尼迪到小布什的总统领导艺术	〔美〕詹姆斯·麦格雷戈·伯恩斯 著 吴爱明 等 译	39.80 元
创新型领导艺术：激发团队创造力	〔英〕约翰·阿代尔 著 吴爱明 等 译	25.00 元
创造性思维艺术：激发个人创造力	〔英〕约翰·阿代尔 著 吴爱明 等 译	25.00 元

公共管理英文版教材系列

书名	作者	定价
公共管理导论（第三版）	〔澳〕Owen E. Hughes （欧文·E·休斯） 著	28.00 元
理解公共政策（第十二版）	〔美〕Thomas R. Dye （托马斯·R·戴伊） 著	34.00 元

书名	作者	定价
公共行政学经典（第五版）	［美］Jay M. Shafritz （杰伊·M·莎夫里茨）等 编	59.80 元
组织理论经典（第五版）	［美］Jay M. Shafritz （杰伊·M·莎夫里茨）等 编	46.00 元
公共政策导论（第三版）	［美］Joseph Stewart，Jr. （小约瑟夫·斯图尔特）等 著	35.00 元
公共部门管理导论（第六版）	［美］Grover Starling （戈文·斯塔林）著	49.80 元
政治学（第三版）	［英］Andrew Heywood （安德鲁·海伍德）著	35.00 元
公共行政导论（第五版）	［美］Jay M. Shafritz （杰伊·M·莎夫里茨）等 著	58.00 元
公共组织理论（第五版）	［美］Robert B. Denhardt （罗伯特·B·登哈特）著	32.00 元
公共政策分析导论（第四版）	［美］William N. Dunn （威廉·N·邓恩）著	45.00 元
公共部门人力资源管理：系统与战略（第六版）	［美］Donald E. Klingner （唐纳德·E·克林纳）等 著	待出
公共行政与公共事务（第十版）	［美］Nicholas Henry （尼古拉斯·亨利）著	39.00 元
公共经济学：政府在国家经济中的作用	［美］Randall G. Holcombe （林德尔·G·霍尔库姆）著	62.00 元

更多图书信息，请登录 www.crup.com.cn/gggl 查询，或联系中国人民大学出版社政治与公共管理出版分社获取

地址：北京市海淀区中关村大街甲 59 号文化大厦 1202 室　　邮编：100872

电话：010－82502724　　　　　　　　　　　　　　　传真：010－62514775

E-mail：ggglcbfs@vip.163.com　　　　　　　　　　　网站：http：//www.crup.com.cn/gggl

图书在版编目（CIP）数据

公民治理：引领 21 世纪的美国社区/（美）博克斯著；孙柏瑛等译. —2 版（修订本）. —北京：中国人民大学出版社，2012.12

（公共行政与公共管理经典译丛·政府治理与改革系列）

"十二五"国家重点图书出版规划项目

ISBN 978-7-300-16813-5

Ⅰ.①公… Ⅱ.①博…②孙… Ⅲ.①社区管理-研究-美国 Ⅳ.①D771.283

中国版本图书馆 CIP 数据核字（2012）第 299330 号

公共行政与公共管理经典译丛

政府治理与改革系列

"十二五"国家重点图书出版规划项目

公民治理：引领 21 世纪的美国社区（中文修订版）

［美］理查德·C·博克斯（Richard C. Box） 著

孙柏瑛 等 译

Gongmin Zhili

出版发行	中国人民大学出版社			
社　　址	北京中关村大街 31 号		**邮政编码**	100080
电　　话	010 - 62511242（总编室）		010 - 62511239（出版部）	
	010 - 82501766（邮购部）		010 - 62514148（门市部）	
	010 - 62515195（发行公司）		010 - 62515275（盗版举报）	
网　　址	http://www.crup.com.cn			
	http://www.ttrnet.com（人大教研网）			
经　　销	新华书店			
印　　刷	北京东君印刷有限公司		**版　次**	2005 年 10 月第 1 版
				2013 年 1 月第 2 版
规　　格	185 mm×260 mm　16 开本		**印　次**	2013 年 1 月第 1 次印刷
印　　张	9.5 插页 2		**定　价**	38.00 元
字　　数	197 000			